Gîtes, locations meublées et chambres d'hôtes :

les clés d'une création réussie

6e édition

Isabelle Barèges

Vuibert

Collection Guid'Utile

Gîtes, locations meublées et chambres d'hôtes : les clés d'une création réussie, 6e édition

par Isabelle Barèges

5 allée de la 2e DB – 75015 Paris

ISBN 978-2-311-62430-4

Aussi soigneusement établi soit-il, ce guide peut ne pas inclure des modifications de dernière minute et comporter quelques erreurs ou omissions. Faites-nous part de vos remarques et n'hésitez pas à nous proposer vos découvertes personnelles : les courriers de nos lecteurs sont lus avec grande attention.

Conformément à une jurisprudence constante, les erreurs ou omissions involontaires qui auraient pu subsister dans ce guide, malgré nos soins et nos contrôles, ne sauraient engager la responsabilité de l'éditeur.

Maquette de couverture : HDL Design

Mise en page de l'intérieur : Hervé Soulard

Sommaire

Préface

Ouvrir des chambres d'hôtes, exploiter un gîte, est l'un des rêves français les mieux partagés. Vie saine, idéal d'un monde plus humain, retour aux « vraies » valeurs : ce n'est pas l'argent qui motive cette démarche, mais le désir d'accéder à une vie différente. Chaque année, plusieurs milliers de personnes passent à l'acte et davantage en rêvent.

C'est avant tout un projet de vie qui engage votre famille, votre conjoint et vos enfants, un choix de vie fait de satisfactions et de bonheur mais aussi, comme toute activité, de contraintes. Vous allez proposer un hébergement aux antipodes du produit standardisé. Derrière chaque porte de votre maison, on devinera votre empreinte, le souci que vous avez apporté à chaque détail, le soin que vous réservez au confort de vos hôtes. Et c'est vous qui allez faire de cette maison un lieu unique, propice à la détente et aux rencontres.

Vous aimez vous occuper de votre intérieur, vous avez le sens du partage et de l'accueil, cette activité est faite pour vous. Il faudra penser à une multitude de choses, de l'emplacement de chaque interrupteur au choix d'un régime fiscal, de l'organisation de votre emploi du temps à la façon dont vous allez vous faire connaître et, parce que c'est aussi un projet économique, de l'argent investi aux revenus potentiels que vous pourrez dégager…

Que vous souhaitiez en vivre ou seulement dégager quelques revenus complémentaires, que vous vouliez l'exercer à temps plein ou en faire une activité annexe, il est indispensable de vous poser toutes les bonnes questions. En apportant vos propres réponses, vous ferez de votre hébergement un lieu en phase avec vous et votre projet, qui répondra aux attentes de vos hôtes. En vous faisant bénéficier de l'expérience de ceux qui se sont déjà lancés, ce guide vous permettra de gagner du temps et d'éviter de nombreux écueils.

Caroline Kyberd

*Rédactrice en chef d'*Accueillir Magazine

« Fais bon accueil aux étrangers car toi aussi tu seras un étranger. »
Roger Ikor

Aux propriétaires de gîtes et chambres d'hôtes dotés du goût des autres.

À ma maman, qui est de ceux-là.

Introduction

« À Auch, vous prendrez la route de Marciac. Après une vingtaine de kilomètres, vous verrez sur votre droite le Relais des Trouettes. Le gîte est seulement à 10 minutes de là ; téléphonez-moi, je vous rejoindrai et vous me suivrez en voiture jusqu'à l'hébergement. [Pause] Très bien Madame, j'attends donc votre appel demain à partir de 14 h, faites bonne route ! »

J'ai assisté à cette conversation téléphonique des dizaines de fois ; à chaque fois, elle annonçait un vrai branle-bas de combat. La tarte aux pommes, prête à dorer, sera enfournée aux premières heures du matin, la bouteille de Saint-Mont consignée au frais, le linge de maison passé en revue : draps, traversins, housses de couettes, nappes, serviettes... Il s'agit d'être opérationnel dès que le véhicule des occupants actuels aura passé le portail. Pour ceux-là, justement, la semaine s'est écoulée trop vite, mais ils reviendront, ils le promettent. À 10 h, ils quittent définitivement les Ortholas, une ancienne maison de garde-barrière qui ne garde de son passé que ce « 72 » moulé rouge et blanc, fièrement scellé sur la façade. Au début du siècle, les soirs de Mardi Gras, on dansait joyeusement sur ce quai aujourd'hui bordé de grands chênes. La musique de l'orchestre a laissé place aux rêveries d'hôtes qui s'y rafraîchissent ou se plaisent à y flâner les soirs d'été. C'est d'hôtes qu'il est justement question car, dans quelques heures, des vacanciers bien décidés à ne pas perdre une miette de leur séjour prendront possession des lieux. Les sols, le four, la vaisselle, la buanderie, la salle de bains... : le gîte est inspecté dans ses moindres recoins. À la dernière minute seulement, la tarte aux pommes sera passée au four puis disposée sur la table du salon. Un léger parfum de cannelle se diffusera alors dans toute la pièce... Ah ! La cannelle ! Une simple odeur qui en dit long sur cette activité à la mode qui consiste à accueillir chez soi des hôtes avides de calme, d'évasion, d'échanges, de rencontres, parfois simplement de temps. La cannelle, c'est le détail qui dit le goût des autres, le plaisir de leur ouvrir les portes d'un endroit que l'on aime, l'envie qu'ils s'y sentent bien, le désir secret qu'ils y reviennent. La cannelle, c'est également le souvenir du soin qu'on a pris pour aménager et donner vie à cet espace momentanément dédié au plaisir des autres. La cannelle, c'est enfin ce temps que l'on ne compte pas, offert à ces invités d'un genre nouveau, à leurs attentes qu'il faudra satisfaire.

Changement de vie, création d'un revenu annexe, sauvegarde du patrimoine familial… : il y a autant de gîtes, de locations et de chambres d'hôtes que de points de départ à leur création ! Aux profils historiques s'ajoutent désormais les nouveaux propriétaires, affranchis des « codes » de la location saisonnière traditionnelle. Plus que jamais, le secteur témoigne d'une grande diversité : entre le gîte rural dans le Cantal, l'appartement meublé dans le 12e arrondissement de Paris et la chambre d'hôtes dans le Vaucluse, il y a un monde qu'il nous faut appréhender et que les pouvoirs publics tendent à encadrer encore davantage. Alors que les meublés de tourisme ont fait l'objet d'une réglementation dès 1967, il a fallu attendre août 2007 pour que la chambre d'hôtes soit également reconnue par le Code du tourisme. En 2010, un texte a instauré l'affiliation des loueurs de chambres d'hôtes au régime d'assurance maladie, maternité et vieillesse du régime social des indépendants (RSI) au-delà d'un chiffre d'affaires estimé à 18 165 €[1]. Pour respecter ces nouvelles dispositions, les loueurs doivent se déclarer auto-entrepreneur, s'inscrire au registre du commerce et des sociétés en tant qu'entreprise individuelle ou créer une société. Depuis le 1er janvier 2017, c'est au tour des loueurs de locations meublées de se voir imposer l'obligation de s'inscrire au RSI au-delà de 23 000 € de chiffre d'affaires par an[2]. Enfin, pour limiter la location saisonnière dans des zones dites tendues, certains propriétaires sont depuis peu soumis à une demande d'autorisation de changement d'usage du logement. Face à un législateur pour le moins prolixe, il est plus que jamais nécessaire d'être bien informé et conseillé.

Ensuite, le secteur est fortement influencé par l'essor du tourisme en ligne et la multiplication de OTAs[3] et plateformes de location (Booking, Airbnb, Abritel, Homelidays…). Ce qui s'apparente à une réelle aubaine pour la plupart des loueurs présente des aspects plus sombres, en premier lieu le lien de dépendance qui s'est subrepticement installé entre ces puissants sites marchands et les propriétaires. Les cartes étant largement rebattues, on s'interroge aussi sur les garanties offertes aux consommateurs sur le point sensible de la qualité. Sur un secteur où les avis des consommateurs ont supplanté les démarches qualité, demeurées longtemps chasse gardée des labels reconnus par les pouvoirs publics, qu'en est-il de l'avenir de ces acteurs historiques ? Pour l'heure, les ennemis d'hier, Gîtes de France et Clé-

1. Article L.613-1du Code de la Sécurité sociale.
2. Loi de financement de la Sécurité sociale pour 2017.
3. *Online Travel Agency* ou agence de voyage en ligne.

vacances, viennent d'annoncer la création d'une plateforme commune pour continuer d'exister face aux géants du secteur. Il faut pourtant bien reconnaître que ces labels, mobilisés depuis plus de 60 ans, ont permis à l'accueil chez l'habitant « made in France » de connaître un vrai succès au-delà des frontières nationales.

Dans ce contexte mouvant, il est indispensable de bien cerner l'activité de loueur dans ses dimensions humaines, réglementaires et économiques. L'objectif de cet ouvrage est d'accompagner le porteur de projet dans les phases de définition ou de validation de celui-ci, d'appréhender le cadre réglementaire et fiscal de l'activité, de lui apporter un conseil en matière de commercialisation et de promotion. Pour ce faire, nous partagerons l'expérience de quelques-uns de ces 800 000 propriétaires qui n'ont pas hésité à nous ouvrir leurs portes.

LOCATION, GÎTES OU CHAMBRES D'HÔTES, QUELLES DIFFÉRENCES ? 1

1. PRÉSENTATION DES ACTIVITÉS

Les gîtes et locations

- **La catégorie des meublés de tourisme**

Le succès des plateformes de location en ligne, de type Airbnb, a favorisé l'apparition et la multiplication de « nouveaux » meublés de tourisme. Ces derniers sont des hébergements souvent implantés en milieu urbain et ouverts à la location saisonnière comme les meublés de tourisme « traditionnels ». Par souci de lisibilité et pour réconcilier l'ancien et le nouveau monde, nous désignerons donc sous le vocable « gîtes et locations » l'ensemble des locations saisonnières quel que soit leur lieu d'implantation. Dans l'imaginaire collectif, il y a effectivement un monde entre séjourner dans un gîte rural dans le Gers et choisir une location saisonnière pour passer quelques jours à Paris. Pourtant, sur le plan juridique, les gîtes et les locations saisonnières sont bien un même mode d'hébergement. Ils appartiennent à la catégorie des meublés de tourisme et peuvent, à ce titre, être classés par arrêté préfectoral, une procédure facultative. Le point commun de tous ces hébergements est de disposer des équipements indispensables pour un séjour autonome (électroménager, vaisselle…). Les locataires y sont accueillis à la nuitée, pour quelques jours ou à la semaine.

- **La spécificité des gîtes d'étape et de séjour**

Ce sont des hébergements de grande capacité, de 12 à 51 personnes, conçus pour l'accueil à la nuitée d'une clientèle de passage, de type randonneurs.

L'hébergement est classé Établissement recevant du public (ERP) de 5e catégorie ; à ce titre, il obéit à une réglementation spécifique et nécessite une autorisation d'ouverture. Afin d'être agréé pour le séjour de groupes d'enfants mineurs, le gîte doit répondre à un cahier des charges particulier élaboré par la Direction départementale de la jeunesse et des sports.

À noter

Dans cet ouvrage, nous ne traiterons pas du cas particulier de la location de sa résidence principale. Sachez cependant que, dans les villes de plus de 200 000 habitants, elle est soumise à déclaration préalable obligatoire et limitée à 120 jours de location par an. Au-delà de cette limite, les plates-formes de location de type Airbnb se sont engagées à bloquer la commercialisation. Dans les villes de moins de 200 000 habitants, elle n'est soumise à aucune formalité dans la limite de la location de 120 jours par an[1].

Point de droit

Les meublés de tourisme dans le Code du tourisme

- Articles L. 324-1 à L. 324-2
- Articles D. 324-1 à D. 324-8
- Articles R. 324-9 à R. 324-12

Quelques extraits

Article D. 324-1 – « Les meublés de tourisme sont des villas, appartements, ou studios meublés, à l'usage exclusif du locataire, offerts en location à une clientèle de passage qui y effectue un séjour caractérisé par une location à la journée, à la semaine ou au mois, et qui n'y élit pas domicile. »

S'il souhaite obtenir le classement, l'exploitant doit produire un certificat de visite délivré par un organisme évaluateur.

1. Code du tourisme - Article L324-1-1.

1

Article D. 324-1-1

I. – La déclaration de location d'un meublé de tourisme, que celui-ci soit classé ou non au sens du présent code, prévue au I de l'article L. 324-1-1 est adressée au maire de la commune où est situé le meublé par tout moyen permettant d'en obtenir un accusé de réception.

La déclaration précise l'identité et l'adresse du déclarant, l'adresse du meublé de tourisme, le nombre de pièces composant le meublé, le nombre de lits, la ou les périodes prévisionnelles de location et, le cas échéant, la date de la décision de classement et le niveau de classement des meublés de tourisme.

II. – La déclaration, effectuée au moyen d'un téléservice dans les conditions prévues au II de l'article L. 324-1-1, indique :

1° l'identité, l'adresse postale et l'adresse électronique du déclarant ;

2° l'adresse du local meublé, précisant, lorsque ce dernier fait partie d'un immeuble comportant plusieurs locaux, le bâtiment, l'escalier, l'étage et le numéro d'appartement.

Lorsque cette possibilité lui est offerte, le déclarant peut indiquer le numéro invariant identifiant le logement tel qu'il ressort de son avis de taxe d'habitation, en lieu et place des informations mentionnées au premier alinéa du présent 2° ;

3° son statut de résidence principale ou non ;

4° le nombre de pièces composant le meublé, le nombre de lits et, le cas échéant, la date de la décision de classement et le niveau de classement ou de toute autre reconnaissance de qualité des meublés de tourisme.

La déclaration fait l'objet d'un numéro de déclaration délivré immédiatement par la commune. Ce numéro est constitué de treize caractères répartis en trois groupes séparés ainsi composés :

- le code officiel géographique de la commune de localisation à cinq chiffres ;
- un identifiant unique à six chiffres, déterminé par la commune ;
- une clé de contrôle à deux caractères alphanumériques, déterminée par la commune.

III. – Tout changement concernant les éléments d'information de la déclaration visée au I ou II du présent article fait l'objet d'une nouvelle déclaration.

Article R. 324-1-2 – « Le fait, pour une personne qui offre à la location un meublé de tourisme, de ne pas respecter l'obligation de déclaration prévue à l'article L. 324-1-1 est puni des peines prévues pour les contraventions de la troisième classe. »

- **Déclaration en mairie et changement d'usage**

Selon le lieu d'implantation de l'hébergement, le propriétaire est tenu de déclarer son activité en mairie et parfois de demander un changement d'usage. Il existe 3 cas de figure selon la localisation du logement :

Cas de figure n° 1 – À Paris, Annecy, Aix-en-Provence, Biarritz, Bordeaux, Cannes, Lyon, Nice, Strasbourg, Toulouse, Tours, villes dans lesquelles la mairie utilise un numéro de déclaration, le propriétaire doit faire une **demande d'autorisation de changement d'usage du logement**, puis faire la déclaration de son logement en mairie.

Cas de figure n° 2 – Dans les autres villes de plus de 200 000 habitants, ou situées dans les Hauts-de-Seine, la Seine-Saint-Denis et le Val-de-Marne, le propriétaire doit d'abord faire une **déclaration du meublé en mairie** (formulaire CERFA n° 14004*04), puis obtenir une **autorisation de changement d'usage**. Cette procédure peut être instaurée par toute autre commune l'ayant décidé.

Cas de figure n° 3 – Enfin, dans toutes les autres communes, le propriétaire est simplement soumis à une **déclaration du meublé en mairie** (formulaire CERFA n° 14004*04). Il n'y a pas de demande d'autorisation préalable. À défaut de déclaration, le contrevenant s'expose au paiement d'une amende de 450 €.

Zoom

La demande d'autorisation de changement d'usage

Comme indiqué ci-dessus, cette procédure n'est en vigueur que dans les villes confrontées à une crise du logement et consiste à obtenir une autorisation de la mairie pour pouvoir modifier l'usage du logement en meublé de tourisme. Ce changement d'usage peut être accordé sous condition d'une compensation qui peut s'avérer complexe et coûteuse. Par exemple, elle peut consister pour le bailleur à acheter et à transformer un local commercial d'une surface équivalente à celui qu'il souhaite louer à une clientèle de passage pour le transformer en local d'habitation.

Si l'autorisation est accordée, le propriétaire doit ensuite procéder au changement de destination du local en hébergement hôtelier puis déclarer le logement à la mairie. À réception de la déclaration, la mairie délivre sans délai un accusé de réception comprenant un **numéro de déclaration**. Ce numéro devra obligatoirement être indiqué dans toutes les annonces d'offre de location publiées sur les plates-formes de commercialisation. Pour connaître le service

1

auprès duquel faire cette déclaration, vous pouvez consulter le site www.service-public.fr (fiche pratique « Mettre sa résidence secondaire en location »).

Attention ! Passer outre l'obligation de changement d'usage est passible du paiement d'une amende civile pouvant aller jusqu'à 50 000 €, le contrevenant pouvant être aussi condamné à remettre en l'état initial le logement et à une astreinte de 1 000 € par jour et par m². Et dans les communes concernées, l'absence de déclaration du logement en mairie est passible d'une amende civile pouvant aller jusqu'à 5 000 €.

• Une déclaration obligatoire de début d'activité

Le futur loueur doit ensuite obligatoirement demander son inscription au répertoire SIRENE de l'INSEE via le formulaire CERFA n° 50913#04 « Déclaration de début d'activité – Personne physique exerçant une activité non salariée indépendante » ; le numéro SIRET attribué devra être reporté par le loueur sur sa déclaration complémentaire de revenus.

• Des loueurs assujettis au paiement de cotisations sociales au-delà de 23000 € de chiffre d'affaires

Depuis le 1er janvier 2017, les loueurs de meublés sont assujettis au paiement de cotisations sociales en cas de recettes supérieures à 23000 € par an[1]. Cette obligation pèse sur les loueurs de locations meublées destinées à une clientèle y effectuant un séjour de courte durée (à la journée, à la semaine ou au mois) et n'y élisant pas domicile. Les cotisations et contributions de sécurité sociale sont calculées sur la base des recettes après abattement de 60 % ou, par dérogation de 87 % s'il s'agit de locaux d'habitation classés meublés de tourisme. En cas de recettes inférieures à 82800 €, le loueur peut opter pour l'affiliation au régime général de la Sécurité sociale. Enfin, l'assujettissement au RSI au-delà 23000 € de revenus annuels n'est pas obligatoire pour les propriétaires de meublés de tourisme classés pratiquant la location touristique en tant qu'activité « secondaire », en raison des cotisations acquittées dans le cadre du régime social général. C'est notamment le cas pour les agriculteurs déjà affiliés à la MSA.

1. Articles L. 311-1 et L. 311-3 du Code de la Sécurité sociale.

- **Faut-il solliciter le classement et la labellisation de son gîte ou de la location ?**

Le classement en nombre d'étoiles est notoire pour les hôtels, mais peu connu du grand public lorsqu'il porte sur les locations saisonnières. Son obtention permet de bénéficier de plusieurs avantages :

- sur le plan fiscal, d'un abattement de chiffre d'affaires de 71 % (en micro-entreprise), contre 50 % pour les meublés non classés meublés de tourisme ;
- d'un seuil de chiffre d'affaires revu à la hausse pour bénéficier de la micro-entreprise, soit 170 000 € pour les meublés de tourisme classés contre 70 000 € pour les locations meublées non classés.

Le classement, de 1 à 5 étoiles, a été modifié en août 2010 et se compose désormais de 112 critères obligatoires et « à la carte » répartis en trois grandes catégories : équipements, services au client, accessibilité et développement durable. Ils opèrent une montée en gamme des meublés : seconds WC à partir de 6 personnes pour les meublés classés 1 étoile ; miroir en pied, lecteur DVD, congélateur et accès Internet (sauf impossibilité technique) en 4 et 5 étoiles, entre autres climatisation et téléviseur à écran plat pour accéder au classement 5 étoiles…

La procédure de labellisation bénéficie, quant à elle, d'une meilleure lisibilité auprès des consommateurs, les « épis » de Gîtes de France et les « clés » de Clévacances étant entrés dans les mœurs. L'adhésion à un label n'a cependant aucun caractère contraignant et de nombreux propriétaires de chambres d'hôtes et de meublés classés en France ont fait le choix de s'en passer.

Question-Réponse

Ces procédures étant facultatives, quels arguments militent en faveur du classement et de la labellisation de votre hébergement ?

Argument n° 1 – Pour certains consommateurs, le classement de l'hébergement et son appartenance à un réseau labellisé sont rassurants et apportent des garanties de confort et de sécurité.

Argument n° 2 – Le classement et la labellisation de l'hébergement conditionnent souvent l'octroi des subventions délivrées aux échelons régional et départemental.

Argument n° 3 – Les labels fournissent à leurs adhérents un accompagnement administratif *via* des documents types (contrat de location, état descriptif…) et

1

une assistance juridique et fiscale. Les loueurs bénéficient de la notoriété du réseau et leur hébergement est visible grâce à des outils de communication dédiés (sites Web, catalogues...).

Argument n° 4 – Les territoires soucieux du maintien de la qualité de leur parc de locations saisonnières font également du classement ou de la labellisation une condition *sine qua non* de la promotion des hébergements sur leurs supports de communication : catalogues, sites Web des comités départementaux du tourisme, offices de tourisme...

Argument n° 5 – Au plan fiscal, le classement en meublé de tourisme permet de bénéficier, en micro-entreprise, d'un abattement plus avantageux (71 % du chiffre d'affaires au lieu de 50 %).

Argument n° 6 – En micro-entreprise, le loueur d'un meublé classé bénéficie d'un seuil de chiffre d'affaires plus avantageux : 170 000 € contre 70 000 €. En deçà du seuil de 170 000 €, il pourra par exemple bénéficier du régime d'auto-entrepreneur, aux formalités administratives allégées.

• La procédure de classement d'un meublé de tourisme

La demande de classement peut se faire sur le site d'Atout France, à l'adresse **www.classement.atout-france.fr**, ou en remplissant le formulaire Cerfa n° 11819*03, téléchargeable sur le site **www.service-public.fr**.

Le classement obtenu, qui correspond à un niveau d'équipement et de confort de 1 à 5 étoiles, est valable 5 ans, période au terme de laquelle il convient de solliciter le reclassement du meublé. Au 1er janvier 2017, le parc des meublés classés s'élevait à 92 100 établissements[1].

En bref

Le classement en 3 étapes

Étape n° 1 – Commande d'une visite de contrôle auprès d'un organisme évaluateur réputé accrédité (labels, CDT, OTSI, réseaux FNAIM, UNPI), ou auprès du COFRAC (liste accessible sur le site **www.classement.atout-france.fr**).

1. *Mémento du tourisme 2017.*

Étape n° 2 – Visite de contrôle par l'organisme accrédité, qui transmet au loueur ou à son mandataire un rapport complet dans le mois qui suit.

Étape n° 3 – Le loueur dispose de quinze jours pour refuser la proposition de classement.

Les chambres d'hôtes

• Définition

Les chambres d'hôtes sont des « chambres meublées situées chez l'habitant en vue d'accueillir des touristes, à titre onéreux, pour une ou plusieurs nuitées, assorties de prestations ».

La location d'une chambre d'hôtes se fait généralement à la nuitée et son prix inclut le petit-déjeuner. Le nombre de chambres d'hôtes ne doit pas être supérieur à cinq, seuil au-delà duquel l'activité est assimilée à une activité hôtelière et tombe sous le coup de la réglementation en vigueur.

• La déclaration préalable en mairie

Le décret n° 2007-1173 du 3 août 2007 est venu combler un vide juridique en légiférant l'activité de chambres d'hôtes et en la soumettant désormais à une procédure déclarative, cette fois-ci obligatoire. Il indique que « toute personne qui offre à la location une ou plusieurs chambres d'hôtes doit en avoir préalablement fait la déclaration auprès du maire du lieu d'habitation ». Cette disposition s'applique à l'ensemble des loueurs, professionnels ou non, et dissimule mal une tentative de régulation du marché des chambres d'hôtes. Le formulaire Cerfa n° 13566*2 de déclaration en mairie est téléchargeable sur le site **www.service-public.fr** ou disponible en mairie.

• Les sanctions en cas de non-respect des obligations

La commercialisation de chambres chez l'habitant sous l'appellation « chambres d'hôtes » qui ne respecteraient pas la définition du Code du tourisme sera soumise aux dispositions du Code de la consommation en matière de publicité trompeuse. En cas de non-déclaration, le loueur sera passible d'une contravention de 5e classe (jusqu'à 1 500 € d'amende) en application d'une disposition qui sera fixée par décret en Conseil d'État.

1

• L'assujettissement au paiement de cotisations sociales

La loi de financement de la Sécurité sociale du 20 décembre 2010 assujettit les loueurs de chambres d'hôtes au paiement de cotisations sociales au-delà d'un revenu imposable en 2019 de 5 268 €, soit en micro-entreprise, avant abattement, un chiffre d'affaires supérieur ou égal à 18 165 €[1]. Après simulation, cela correspond à la réalisation de 262 nuitées, soit 2 chambres louées 11 nuitées par mois pendant toute l'année[2].

• La labellisation des chambres d'hôtes

La démarche demeure volontaire. Outre les trois labels – Gîtes de France, Clévacances et Accueil Paysan – habilités à labelliser des chambres d'hôtes, le ministère du Tourisme reconnaît également le réseau Fleurs de Soleil. Le choix de labelliser ses chambres d'hôtes présente sensiblement les mêmes avantages que la labellisation d'un gîte. Il appartient à chaque porteur de projet de juger de cette opportunité.

Point de droit

Les chambres d'hôtes dans le Code du tourisme

- Articles L. 324-3 à L. 324-5
- Articles D. 324-13 à D. 324-15

Extraits du décret du 3 août 2007 modifiant le Code du tourisme

Art. D. 324-13 – « L'activité de location de chambres d'hôtes mentionnée à l'article L. 324-3 est la fourniture groupée de la nuitée et du petit-déjeuner. Elle est limitée à un nombre maximal de cinq chambres pour une capacité maximale d'accueil de quinze personnes. L'accueil est assuré par l'habitant. »

Art. D. 324-14 – « Chaque chambre d'hôte donne accès à une salle d'eau et à un w.-c. Elle est en conformité avec les réglementations en vigueur dans les domaines de l'hygiène, de la sécurité et de la salubrité. La location est assortie, au minimum, de la fourniture du linge de maison. »

1. La majorité des loueurs sont en micro-entreprise et bénéficient à ce titre d'un abattement fiscal de 71 % sur leur chiffre d'affaires. Le seuil de 5 268 € correspond, pour 2019, au seuil d'exonération des cotisations d'allocations familiales.
2. Sur la base d'un tarif moyen de 69,30 € la nuitée pour 2 personnes petit-déjeuner inclus. « Enquête exclusive sur les prix 2012 », *Accueillir Magazine*, n° 41, septembre-octobre 2012.

Extraits du Code de la Sécurité sociale

Article L. 613-1 : « [...] sont affiliés au groupe des professions industrielles et commerciales les loueurs de chambres d'hôtes mentionnées à l'article L. 324-3 du Code du tourisme dont le revenu imposable de l'activité est supérieur au seuil d'exonération de faibles revenus professionnels non salariés non agricoles applicable en matière de cotisations d'allocations familiales. »

Les chambres d'hôtes : foire aux questions

Quelle est la différence entre une chambre d'hôtes et une location meublée ?

Sous le vocable « location ou gîte », on entend – quel que soit le lieu d'implantation – la location d'un studio, d'un appartement, d'une maison… À la différence des chambres d'hôtes, la location des gîtes se fait sans service de petit-déjeuner ou fourniture du linge de maison ni contact avec le propriétaire, qui se limite à la remise des clés en début de séjour.

Dans un gîte ou une location meublée, les vacanciers disposent des équipements indispensables à un séjour autonome (électroménager, vaisselle…). Ils demandent un investissement personnel et une disponibilité moindres, l'accueil n'y étant pas basé, comme pour la chambre d'hôtes, sur la rencontre avec le propriétaire.

Quelle est la différence entre une chambre d'hôtes et une maison d'hôtes ?

Aucune ! Ces deux termes désignent la même activité. On parle cependant plus souvent de maison d'hôtes lorsque le propriétaire loue plusieurs chambres. Dans le présent ouvrage, nous utiliserons indifféremment les deux termes.

Je souhaite louer le 2e étage de mon appartement en tant que studio ou chambre d'hôtes en fonction des besoins de mes hôtes. Est-ce légal de jongler avec les deux formules ?

Ce cas bien spécifique vise les propriétaires qui louent un étage de leur habitat, équipé d'une salle d'eau et d'une kitchenette. Selon la durée de séjour et les besoins de ses hôtes, le propriétaire a parfois la tentation de jouer sur les deux tableaux, entretenant ainsi une confusion dans l'esprit du consommateur. L'hébergement sera tantôt loué sans aucune prestation, tel un meublé de tourisme, tantôt à la nuitée avec fourniture du linge de maison et du petit-déjeuner, telle une chambre d'hôtes. Cette pratique est très courante en milieu urbain et entretient la confusion entre meublé et chambre d'hôtes. Les pouvoirs publics demandent désormais plus de transparence. Depuis le 24 juillet 2009[1], les meublés de tourisme doivent également être déclarés en mairie. Ledit hébergement ne peut donc appartenir « officiellement » qu'à une seule catégorie et doit en toute logique être loué comme tel. Les conséquences de cette mesure ont l'avantage d'améliorer la lisibilité de l'offre d'hébergement chez l'habitant ; en cela – n'en déplaise aux ronchons –, elle constitue une garantie supplémentaire pour le consommateur, qui n'aura décidément plus d'excuses pour confondre gîte, location et chambre d'hôtes.

En tant que propriétaire, suis-je tenu de demander l'autorisation de la copropriété avant d'ouvrir ma chambre d'hôtes ?

Il convient en premier lieu de consulter le règlement de copropriété : l'activité y est expressément interdite, autorisée ou soumise au vote de l'assemblée générale. S'il n'existe aucune disposition, la saisine de l'assemblée des copropriétaires paraît incontournable, un tel projet ne pouvant voir le jour sans l'approbation ou l'information préalable de la copropriété. Je vous invite à retrouver ce point page 136.

En tant que locataire, dans quelles conditions puis-je ouvrir une chambre d'hôtes ?

En tant que locataire, vous êtes soumis à deux autorisations préalables : celle du propriétaire bailleur et celle de la copropriété. Attention ! Seul le propriétaire est habilité à faire les démarches précitées auprès de la copropriété.

2. LE MARCHÉ DES LOCATIONS SAISONNIÈRES

Données générales

Sur le marché de l'hébergement marchand, sur la base des hébergements classés ou labellisés, les meublés représentent 92 100 établissements et les chambres

1. Loi n° 2009-888 du 22 juillet 2009 de développement et de modernisation des services touristiques, publiée au *Journal officiel* du 24 juillet 2009.

d'hôtes 26 700 adresses. Ces deux types d'hébergements représentent donc près de 6 % de la capacité d'accueil en nombre de lits (492 500 lits)[1].

Au total, l'hébergement marchand représente 31,5 % des séjours personnels des Français, contre 68,5 % pour l'hébergement non marchand (chez un membre de la famille, chez des amis ou dans une résidence secondaire). En 2016, les locations, les gîtes et les chambres d'hôtes ont représenté 11,1 % des séjours réalisés par les Français pour motif personnel. Pour ce qui est des séjours professionnels, 81 % des Français optent pour un hébergement marchand, mais nous ne disposons pas de la quote-part réalisée par les gîtes et les chambres d'hôtes[2].

Nous reviendrons ultérieurement sur l'ouverture de l'hébergement chez l'habitant au tourisme d'affaires.

Les gîtes et meublés : un nouvel essor

Alors que les précurseurs cessent petit à petit leur activité, de plus jeunes propriétaires arrivent sur le marché, porteurs de nouveaux projets. Les loueurs des années cinquante implantés en milieu rural ont laissé place aux propriétaires de tous horizons. Initialement cantonnée à l'espace rural, la création de gîtes et locations s'est largement démocratisée en adoptant la typologie d'habitat de la zone d'implantation : chalet, appartement, villa, etc. jusqu'à l'apparition de gîtes insolites, maisons en bois perchées sur des arbres, yourtes, péniches… !

Aujourd'hui c'est en milieu urbain et partout où il y a une pénurie d'offres touristiques que les meublés se multiplient sous l'essor de puissants sites marchands.

Plus de 90 000 hébergements sont classés en « meublés de tourisme » et/ou labellisés par l'un des trois réseaux reconnus par les pouvoirs publics : Gîtes de France (74 %), Clévacances (25 %) et Accueil Paysan (1 %)[3].

1. *Mémento du tourisme 2017* sur la base des établissements classés.
2. *Mémento du tourisme 2014*.
3. *Mémento du tourisme 2017*, **www.entreprises.gouv.fr**.

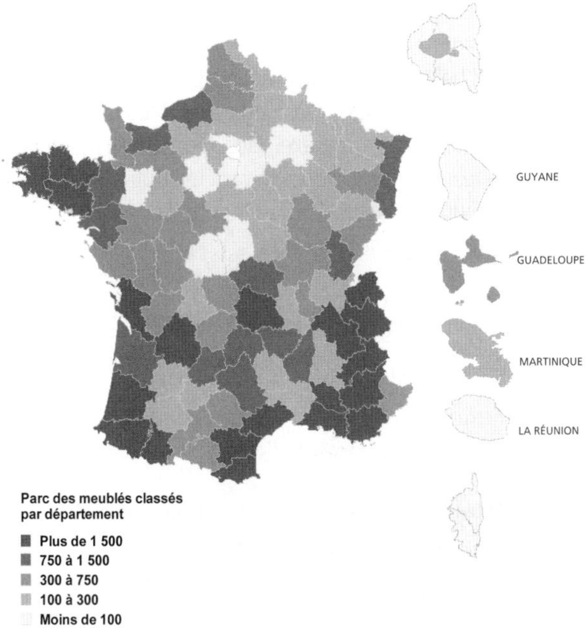

Parc au 1er janvier 2017 ; nombre de meublés classés, capacités en lits ; % calculé selon la capacité

Les chambres d'hôtes : un marché stable

Ce type d'hébergement, apparu dès la fin des années soixante, a commencé à connaître un véritable succès à partir des années quatre-vingt-dix. Basée sur le principe d'un tourisme itinérant, la formule chambres d'hôtes attire des touristes à la recherche d'un accueil personnalisé.

Il existe aujourd'hui 65 000 chambres d'hôtes partout en France. Dans le *Mémento du tourisme 2017*, on dénombre en France métropolitaine 26 700 chambres d'hôtes labellisées Gîtes de France (80 %), Clévacances (16 %), Accueil Paysan (2,3 %) et Fleurs de Soleil (1,7 %). L'analyse des parcs labellisés démontre que les projets de créations de chambres d'hôtes portent sur un niveau de confort plus élevé que celui des gîtes, soit une majorité de créations en niveau 3 (3 épis, 3 clés).

Cette tendance fait de la chambre d'hôtes un produit plus haut de gamme. En Europe du Nord, notamment en Grande-Bretagne et en Irlande, la chambre d'hôtes est un mode d'hébergement très répandu. Alternative à l'hôtel, plus cher dans ces pays, la chambre d'hôtes y est également culturelle, alliant tradition d'accueil et création d'un revenu annexe. Plus récent en France, le marché des chambres d'hôtes a encore de beaux jours devant lui, notamment en milieu urbain et périurbain, où le produit émerge alors qu'il peut s'appuyer sur les bons scores du tourisme urbain et du tourisme d'affaires.

PAROLES DE LOUEUR

Pascale, le Pays basque au cœur

Entretien avec Pascale Gueslot, propriétaire d'une maison d'hôtes à Espelette (64),
www.gueslot.fr

Depuis combien de temps exploitez-vous une maison d'hôtes ?

L'aventure a débuté avec mon mari David en 2007. Après avoir beaucoup baroudé, nous cherchions l'endroit où nous poser avec notre petit garçon Léo, à l'époque âgé de 6 ans, et c'est au pays basque, à Espelette, que nous avons posé nos valises. Nous avons craqué pour une maison dans le quartier de l'église. Curieusement, à l'époque, il y avait peu d'hébergements chez l'habitant à Espelette, et, dans les faits, notre maison était déjà ouverte et très vivante, toujours pleine d'amis car nous adorions recevoir. Alors de l'idée d'une « vraie » maison d'hôtes à sa concrétisation, la réflexion n'a pas été très longue… Cette expérience nous a apporté beaucoup de joie et cela m'a donné envie, après le décès de David, d'aller plus loin en poursuivant ce que lui et moi avions commencé ensemble. Je viens donc de fermer la première maison d'hôtes pour en ouvrir une nouvelle, le Moulin de Pascale, dotée de 5 chambres d'hôtes.

Comment définiriez-vous votre accueil ?

Difficile à dire ! Je suis tout simplement moi-même, j'affectionne les rencontres, les échanges, ce sont eux qui me nourrissent et me font avancer. J'envisage donc cette activité avec beaucoup de simplicité et d'authenticité et attire sûrement des hôtes qui partagent cet état d'esprit. Quels que soient leur profil et leur tempérament, je me sens profondément heureuse quand ils se laissent aller et profitent pleinement de leur séjour chez moi. Là, je me dis que j'ai réussi mon pari.

Comment faire la différence sur un territoire aussi touristique que le Pays basque ?

Je n'ai pas réellement conscience de cette démarche mais je conçois le Moulin comme un lieu d'accueil au sens large. Je suis profondément attachée à Espelette et au Pays basque, à sa culture, à ses multiples visages et paysages. Cette richesse, je souhaite la partager avec mes hôtes, à qui je conseille escapades et bons plans, et je chine à droite, à gauche, les pépites de producteurs locaux. De même, un ami artiste expose actuellement ses toiles et ses sculptures. Ma maison d'hôtes est avant tout un lieu de vie ! Mon fils est actuellement en lycée hôtelier et me donne un coup de main pour mettre tout cela en musique. Peut-être un jour sera-t-il lui aussi tenté de se réaliser ici. En tout cas, en ce qui me concerne, c'est pour la vie.

3. DESCRIPTION DES ACTIVITÉS

Les qualités requises

Voici quelques-unes des aptitudes recommandées pour être sûr de prendre du plaisir dans cette activité :

- être doté de qualités relationnelles : aller naturellement vers les autres et faire preuve d'une certaine curiosité, d'un vrai goût pour les relations humaines ;
- se rendre disponible : l'accueil en chambre d'hôtes demande beaucoup de temps, de patience et d'écoute ;
- avoir une certaine ouverture d'esprit : il est important d'être prêt à accueillir ses visiteurs sans *a priori* ni jugement de valeurs ;
- disposer de bonnes facultés d'adaptation : il est indispensable de s'adapter au profil de ses locataires, plus ou moins demandeurs de services ou de disponibilité. C'est au loueur de prendre la mesure du niveau d'accompagnement attendu et d'y répondre ;
- avoir une bonne dose de patience et de diplomatie : les exigences de votre clientèle seront inégales, et aucun loueur n'est à l'abri d'un client particulièrement enquiquinant... ! La diplomatie est toujours de mise, notamment lorsqu'il s'agit de signifier un rappel à l'ordre : respect des équipements, tranquillité des lieux... ;

- s'appuyer sur une bonne connaissance de l'offre touristique locale : vous devez pouvoir apporter à vos hôtes tous les renseignements utiles (événements culturels et musées, activités proposées alentour, bonnes tables et bons plans...) ;
- avoir la faculté de mélanger vie privée et vie professionnelle. Ceci peut poser problème dans le cadre des chambres d'hôtes puisque l'activité est exercée sur le lieu d'habitation. Quelques mois d'activité permettront aux nouveaux propriétaires de s'adapter à ce nouveau style de vie – par propriétaires, j'entends les loueurs, ainsi que leur petite famille – peut-être moins encline qu'eux à l'accueil régulier d'« étrangers » à la maison. Avant toute installation, la question mérite d'être débattue en famille, en souhaitant que les bons moments et les facultés d'adaptation de chacun permettent rapidement de vaincre les derniers *a priori*.

Question-Réponse

Quelles sont les qualités nécessaires pour exploiter un gîte, une location ou des chambres d'hôtes ?

Qualités requises	Loueur de gîte ou location	Loueur de chambres d'hôtes
Sens du contact	**	****
Disponibilité	**	****
Ouverture d'esprit	***	
Facultés d'adaptation	*	***
Patience et diplomatie	**	****
Curiosité	**	***
Connaissance de l'offre touristique locale	****	
Capacité à mélanger vie privée et vie professionnelle	–	***

*Un peu **Moyennement ***Beaucoup ****À la folie – Pas du tout

1

Testez-vous

Quelques questions à se poser avant de se lancer

Test proposé par la rédaction d'*Accueillir Magazine*, à faire tout seul, à deux ou en famille !

Vous avez en projet l'ouverture de chambres d'hôtes. Dans tous les cas, il s'agit d'un investissement personnel : êtes-vous prêt(e) ?

1. Ma famille partage mon projet ❑ Oui ❑ Non

Oui – Votre conjoint et vos enfants en ont envie aussi ? Tant mieux, c'est indispensable, et ils comprendront d'autant mieux que vous ne soyez pas toujours disponible pour eux.

Non – Ouvrir des chambres d'hôtes dans ce cas peut être un problème : vous serez moins disponible et, sauf à avoir une très grande propriété, il leur sera difficile de ne pas rencontrer vos hôtes. Une maison d'hôtes, c'est un projet de vie familial ; si les autres ne le partagent pas, attention ! En revanche, ils ne seront pas forcément directement en contact avec les occupants d'un gîte ou d'une location ; cette solution peut donc être un bon compromis pour vous permettre de mener à bien ce projet qui vous tient à cœur sans sacrifier votre famille.

2. J'aime le contact humain ❑ Oui ❑ Non

Oui – C'est indispensable pour ouvrir une maison d'hôtes ; vous allez être à la disposition de vos hôtes, leur recommander les bonnes adresses, leur parler de la région, être disponible à toute heure, dès le petit-déjeuner jusqu'à la table d'hôtes.

Non – Si vous êtes un solitaire ou que vous n'aimez pas trop communiquer, la maison d'hôtes n'est pas pour vous. En revanche, rien ne vous empêche d'ouvrir un gîte ou une location ; vous devrez toutefois être disponible en cas de besoin pendant le séjour et quand vous leur remettrez les clés. Ils apprécieront que vous preniez un peu de votre temps pour leur parler de la région et leur donner les bonnes adresses.

3. Je veux rencontrer des personnes différentes ❑ Oui ❑ Non

Oui – Tant mieux car, que ce soit en maison d'hôtes ou en gîte et location, vous allez rencontrer des personnes différentes – des couples, des célibataires, des familles traditionnelles ou recomposées – venues de tous horizons.

Non – Vous n'allez pas pouvoir choisir vos hôtes, vous n'aurez peut-être pas de sympathie pour certains d'entre eux. Ouvrir une maison d'hôtes, c'est privilégier le contact humain. Réfléchissez-y sérieusement !

4. J'aime m'occuper de ma maison ❑ **Oui** ❑ **Non**

Oui – Si vous louez des chambres d'hôtes, vous allez passer beaucoup de temps chez vous, où il y aura toujours quelque chose à faire (une petite réparation, un détail à améliorer). Et puis, il y a aussi le ménage : une chambre à refaire à fond au départ de vos hôtes, c'est une heure de ménage en moyenne.

Non – Si vous aimez aller au cinéma, voir des expositions, peut-être vaudrait-il mieux ouvrir un gîte ou une location. Si vous détestez passer l'aspirateur, cela ne sera que ponctuel, avant l'arrivée de nouveaux clients.

5. Je veux moins travailler ❑ **Oui** ❑ **Non**

Non – En chambre d'hôtes, le repos est pour les hôtes ! Vous vous couchez tard si vous proposez la table d'hôtes et vous lever dès potron-minet pour préparer le petit-déjeuner.

Oui – Si vous aimez faire la grasse matinée, choisissez la location. Au moins, il n'y a pas de petit-déjeuner à préparer et, sauf exception, vos hôtes ne partiront pas dès six heures du matin !

6. Je suis très organisé(e) ❑ **Oui** ❑ **Non**

Oui – En maison d'hôtes, mieux vaut l'être, sinon il manquera toujours quelque chose, le dîner sera servi à 23 h et les hôtes se passeront parfois de café au petit-déjeuner. Sans une organisation rodée, plus de repos et beaucoup de problèmes.

Non – Pour ouvrir des gîtes et locations, il faut aussi être très organisé. Vos hôtes arrivent et partent à des heures précises, ils ont besoin d'une logistique sans faille derrière eux pour que tout se passe bien. Et ne parlons pas des hébergements réservés simultanément à plusieurs personnes ! Si vous êtes bohème, il va falloir vous accrocher !

7. Ma vie professionnelle passée va me servir ❑ **Oui** ❑ **Non**

Oui – Tant mieux, si vous maîtrisez déjà les bases de commerce, de gestion et d'informatique, vous gagnerez beaucoup de temps.

Non – Que ce soit pour gérer vos chambres d'hôtes, votre gîte ou location, vous allez devoir maîtriser les bases de la gestion pour faire vos factures, établir votre chiffre d'affaires, et des bases en communication pour communiquer efficacement sur le Web.

Les emplois du temps

1

La différence entre les activités de loueur de gîtes et locations et de chambres d'hôtes est manifeste concernant la disponibilité.

Voici pour s'en rendre compte deux emplois du temps types, qu'il convient de compléter par des tâches plus ponctuelles tout au long de l'année.

- **Une semaine dans la vie d'un loueur de chambres d'hôtes**

	Tâches accomplies
7 h	Préparation du petit-déjeuner. L'hôte se rend chez son boulanger pour acheter baguettes et viennoiseries encore chaudes, puis sur le marché pour se fournir en fruits de saison. Le petit-déjeuner est complété par une boisson chaude, un jus de fruits frais, un laitage, des gâteaux maison (cake, clafoutis selon la saison). Pour la clientèle étrangère, on proposera également du fromage.
7 h 30-9 h 30	Les tables du petit-déjeuner sont dressées dans le salon. Les hôtes se présentent les uns après les autres, parfois en même temps. C'est le moment privilégié par chacun pour demander des informations et échanger avec leur hôte.
9 h 30-11 h	L'hôte débarrasse les tables du petit-déjeuner et consulte sa messagerie Internet afin de répondre aux nombreuses demandes de réservations et d'informations. 80 % des réservations lui arrivent par ce biais.
11 h	**Départ des hôtes**
11 h 30-14 h	Ménage des chambres et salles de bains (40 minutes par chambre). Pour les longs séjours, changement des serviettes de toilette tous les deux jours et de la literie tous les trois jours. L'hôte peut fournir des peignoirs et des produits d'accueil (gel de douche, savon, crème pour le corps…). Nettoyage des parties communes (séjour, couloir…), rafraîchissement des bouquets de fleurs…
10 minutes chaque jour	Tenue du cahier de comptabilité (nombre de nuitées, encaissements et dépenses réalisées).
17 h-20 h	**Accueil des nouveaux hôtes**
Chaque soir	L'hôte dresse la table du petit-déjeuner.

Certaines tâches plus ponctuelles s'ajoutent à la gestion, à un rythme hebdomadaire ou à l'année.

Périodicité	Tâches ponctuelles
Chaque semaine	6 heures de buanderie (lavage et repassage). 2 heures de courses (alimentaires et achat de produits d'entretien).
Tout au long de l'année	30 heures de travaux d'entretien ponctuel : menues réparations (peinture, plomberie…).

- **Questions-réponses**

Puis-je travailler et ouvrir une chambre d'hôtes ?

En théorie, rien ne vous empêche de poursuivre votre activité professionnelle, mais dans les faits, les deux activités sont difficiles à concilier. En effet, l'exploitation d'une chambre d'hôtes demande beaucoup de disponibilité, et même s'il est conseillé de fixer des horaires (d'arrivée, de petit-déjeuner et de départ), vos propres horaires de bureau risquent de constituer rapidement un obstacle. Vous sentez-vous capable d'offrir une prestation de qualité en courant après le prochain métro ?

Parmi les exploitants de chambres d'hôtes, on trouve donc majoritairement des professionnels à leur compte, des mères de famille souhaitant reprendre une activité, des retraités. Dans tous les autres cas, vous devez pouvoir aménager vos horaires, et ce, même si vous travaillez à temps partiel. La disponibilité est une des qualités attendues par vos hôtes. L'accueil et/ou le petit-déjeuner sont à ce titre des moments privilégiés. Par conséquent, on peut légitimement se poser la question de savoir ce qu'il reste de « l'esprit chambre d'hôtes » dans le cas où le propriétaire ne peut être présent aux côtés de ses hôtes au moment du petit-déjeuner. Si tel est cependant le cas, le propriétaire sera tenu d'en informer ses hôtes en amont de leur réservation.

Ouvrir sa maison à des étrangers présente-t-il des risques ?

Si c'est l'une des premières questions qui vous viennent à l'esprit, posez-vous en une autre : êtes-vous vraiment fait pour cette activité ?

Accueillir des inconnus chez soi demande une vraie confiance, qui doit être réciproque. Pour ce qui est des objets de valeur, il existe un risque plus important : la maladresse. Pour les plus craintifs, évitez d'exposer des objets de valeur et contactez votre assureur pour souscrire une police d'assurances qui prend en compte votre nouvelle activité d'accueil.

Les clients ont-ils accès à toutes les pièces de la maison ?

C'est à vous de poser des limites et de définir l'espace dédié aux hôtes et l'espace privé. En général, les convives ont accès à leur chambre, à une salle d'eau, à une pièce de vie et à la terrasse. Les amateurs de chambres d'hôtes sont respectueux des lieux et de votre intimité ; sans délimitation précise, les frontières se dessinent assez naturellement. Cependant, une vraie réflexion en matière d'aménagement peut vous aider à poser vos limites. Vous pouvez également avoir recours à des petits panonceaux fixés aux portes indiquant les espaces qui vous sont réservés.

Mon conjoint est moins attiré que moi par l'activité de chambres d'hôtes. Je crains également la réaction de mes enfants face à l'intrusion de personnes étrangères dans leur quotidien. Dois-je pour autant renoncer à mon projet ?

Créer une maison d'hôtes est une histoire de famille. Sans l'adhésion de tous, l'entreprise peut rapidement s'avérer compliquée à gérer. Il est donc essentiel de prendre le temps de mûrir son projet et de bien identifier les craintes de son entourage. L'arrivée d'étrangers est effectivement parfois perçue comme une intrusion dans la vie privée ; dans ce cas, il est important d'aménager la maison afin que l'espace dédié aux invités et l'espace privé soient clairement identifiés.

Si votre entourage est plutôt frileux, l'idéal est d'avoir une entrée indépendante, et, pourquoi pas, un étage pour les hôtes. C'est souvent le choix fait par les propriétaires d'immeuble. Autre aspect du problème : l'exploitant devra s'acquitter seul de toutes les tâches relevant de son activité, ce qui peut s'avérer pesant. Dans ce cas, il vous faut fixer une période d'adaptation au terme de laquelle vous ferez le point en famille sur les aspects positifs et négatifs de la situation. Seuls le temps et une bonne dose de patience permettront de convaincre – ou pas – les derniers récalcitrants.

• Une semaine dans la vie d'un loueur de gîte

Simone Barèges nous livre son emploi du temps pour la gestion hebdomadaire des Ortholas, un gîte conçu pour 4 à 6 personnes, d'une superficie de 85 m² et de 2 000 m² d'espaces extérieurs.

La propriétaire propose à ses locataires un forfait « ménage » de départ de 40 € mais, pour ne rien vous cacher, elle avoue refaire systématiquement le ménage après chaque départ. Il ne s'agit pas de mettre en doute les capacités ménagères de ses locataires, mais plutôt d'assurer un accueil irréprochable aux nouveaux arrivants.

Jour	Tâches accomplies
Samedi	8 h : préparation du gâteau de bienvenue. 10 h : départ de la famille Aubois. 10 h-13 h : tâches ménagères. Sols, poussière, changement de la literie (protège-matelas, housse de traversin et oreiller, draps loués sur demande), sanitaires, salon et cuisine, sans oublier les vitres. 15 h 30 : préparation de l'accueil (un bouquet de fleurs, un gâteau maison et des boissons mises au frais). 16 h : accueil de la famille Grainier.
Dimanche – Lundi – Mardi – Mercredi – Jeudi – Vendredi	**Période de location** Il s'agit principalement de répondre aux sollicitations des locataires : recherche d'activités, d'événements, de bonnes tables, etc., et de préparer l'arrivée des prochains locataires, en effectuant toutes les tâches de buanderie par exemple.

Certaines tâches plus ponctuelles s'ajoutent à la gestion, selon un rythme hebdomadaire ou annuel.

Périodicité	Tâches ponctuelles
Tous les 15 jours	3 heures d'entretien extérieur : tondre les espaces verts, jardinage…
Tout au long de l'année	30 heures de travaux d'entretien ponctuel : menues réparations (peinture, plomberie…).

Si vous souhaitez déléguer le ménage, sachez qu'il vous en coûtera en moyenne 40 € bruts auprès d'une femme de ménage. Sur la base de la moyenne nationale de location établie à 16 semaines, le temps de travail requis par chaque gîte est évalué à 230 heures, soit près de 20 journées par an.

Ce forfait temps peut paraître raisonnable ; il est cependant contraignant car le loueur sera souvent mobilisé une partie du week-end en haute saison.

1

À noter

Même si la location à la semaine reste une réalité selon les périodes et la destination, la location de courte durée ou à la nuitée est également pratiquée dans les gîtes et locations avec les contraintes que cela implique en termes d'entretien.

PAROLES DE LOUEUR

Gîte ou chambres d'hôtes : pourquoi choisir ?

Entretien avec Éliane Barcellini, propriétaire d'un gîte et de cinq chambres d'hôtes dans le Tarn,
www.domainenaudet.com

Comment votre parcours vous a-t-il amenée à la création d'hébergements touristiques ?

Au terme de vingt ans d'une vie professionnelle très prenante au service du développement économique régional, j'ai décidé de prendre un nouveau virage professionnel. Qu'il s'agisse de tourisme ou d'industrie, je savais que c'était dans l'accueil que je prenais le plus de plaisir, et ce projet pouvait me permettre d'en faire mon métier. C'est, à mon sens, la base de cette activité ; on ne peut pas tricher, les clients demandent parfois beaucoup de disponibilité. Je viens par exemple de passer trois heures avec mes hôtes qui, en raison d'un changement de temps, ne pouvaient plus respecter le programme de leur séjour. L'accueil, c'est s'adapter aux clients, les envelopper dans un cocon bien douillet. La réalité de cette activité, lorsqu'elle est envisagée comme un métier, déborde souvent sur la vie privée ; il faut y être préparé et être sûr d'avoir les aptitudes requises pour ce type de vie.

Est-ce une décision qui se prend en famille ?

Sans aucun doute et, lorsque l'on a des enfants, il faut s'attendre à une période d'adaptation. Mes deux filles avaient 6 et 16 ans lorsque j'ai démarré. Aujourd'hui, cela fait partie de leur vie, même si toutes les deux n'ont pas réagi de la même façon. Je ne suis pas plus libre qu'avant, en raison de la diversité des compétences et de la très grande disponibilité requises. J'insiste : le marketing, la gestion, l'entretien sont des compétences importantes pour pouvoir envisager l'activité sous un angle professionnel, mais le savoir-faire majeur demeure l'accueil de ses clients. L'âme du produit réside dans l'aménagement du lieu et le caractère de l'exploitant.

4. QUELQUES DONNÉES DE RENTABILITÉ[1]

Il faut se tourner vers les principaux labels existants pour dégager quelques chiffres. Il est pourtant difficile de s'en tenir aux généralités tant les disparités entre propriétaires sont réelles.

Nous verrons un peu plus loin que la rentabilité de l'hébergement dépendra largement de l'emplacement de la structure, de son accessibilité, de son niveau de confort, de la mise en place ou non d'une réelle stratégie commerciale...

Ne nous y trompons cependant pas : en raison de son caractère saisonnier et de sa dimension familiale, la création d'un hébergement locatif constitue souvent un revenu annexe.

Elle correspond en général à une réalité économique sans rapport avec les moyens humains et financiers investis et ne peut légitimement, dans la majorité des cas, être motivée par la seule recherche du profit.

La rentabilité d'un gîte ou d'une location

L'investissement moyen s'élève à 91 206 €.

Le nombre de semaines de location est établi à 16,9.

Le tarif moyen est établi à 464 € par semaine, soit un chiffre d'affaires de 464 € × 16,9 = 7 842 € par an hors charges[2].

Le seuil de rentabilité est atteint au bout d'environ 12 ans.

La rentabilité des chambres d'hôtes

L'investissement moyen s'élève à 75 917 €.

Le nombre moyen de nuitées est établi à 199 par chambre.

Le tarif moyen est établi à 69,30 € par nuitée pour 2 personnes, soit un chiffre d'affaires de 199 × 69,30 €[3] = 13 790 € par an hors charges.

---

1. Étude sur le poids socio-économique des Gîtes de France / MKG Hospitality pour la Fédération nationale des Gîtes de France / 2014-2015.
2. Les charges sont constituées de taxes, impôts, remboursements de crédits, dépenses d'entretien...
3. « Enquête exclusive sur les prix 2012 », *Accueillir Magazine*, n°41, septembre-octobre 2012.

Le seuil de rentabilité est atteint au bout d'environ 7 ans.

Les Gîtes de France ont précisé le niveau de revenus de ses adhérents propriétaires de maisons d'hôtes[1]. Pour la majorité d'entre eux, il s'agit d'un complément annuel de revenus de moins de 5 000 € (26 %) ou compris entre 5 000 et 15 000 € (34 %).

20 % d'entre eux retirent entre 15 000 et 30 000 € de revenus par an.

Les autres, au profil résolument professionnel, génèrent entre 30 000 et 50 000 € de chiffre d'affaires (12 %), voire plus (8 %).

1. Observatoire des chambres d'hôtes, Gîtes de France 2014.

LES CLÉS POUR SE LANCER 2

1. AMÉNAGER, INVESTIR OU REPRENDRE

Selon votre situation personnelle, vous aurez la possibilité d'aménager un logement existant, d'investir dans un bien immobilier en vue de créer votre hébergement touristique ou de reprendre une structure en activité.

En matière de gîte et location, la rénovation ou l'aménagement d'un bien existant perdure, corroborant ainsi la thèse d'une tradition patrimoniale bien française. Cependant, ces dernières années, la démocratisation de la location entre particuliers a totalement libéré le secteur. Les locations meublées ont poussé comme des champignons, certaines étant même assimilées à de l'investissement locatif pur et simple.

Pour ce qui est des chambres d'hôtes, la tendance est un petit peu différente. Il est difficile d'avancer des chiffres précis, mais les professionnels font l'hypothèse que l'achat d'un bien immobilier ou le rachat d'une structure existante pourrait correspondre à la moitié des créations. Dans ce cas, la création correspond souvent à un projet professionnel et les futurs loueurs misent sur un investissement de départ important.

Un aménagement conforme et fonctionnel

Dans le cadre de l'aménagement ou de la rénovation d'un bien dont le futur loueur est déjà propriétaire, il est impératif d'envisager la commodité d'un endroit destiné à la location saisonnière.

Si vous disposez, dans un premier temps, de peu de moyens, il est préférable d'opter pour des aménagements simples et une décoration neutre en attendant de disposer de financements complémentaires.

Cet élément est devenu si important que certains labels organisent des sessions de formation animées par un architecte conseil. Le professionnel tient compte des spécificités de l'activité pour donner quelques pistes en vue de l'aménagement et de la décoration d'un hébergement touristique.

Si vous choisissez de réaliser d'importants travaux, il est intéressant de s'adresser directement au comité départemental du tourisme du lieu d'implantation, qui vous proposera d'avoir recours à un technicien spécialisé. Ce dernier peut vous proposer d'évaluer la faisabilité de votre projet et d'affiner un taux de remplissage prévisionnel, et vous apporter un éclairage sur les choix d'aménagements à réaliser.

Dans certains cas, il vous conseillera de consulter un architecte auprès du CAUE (Conseil d'architecture, d'urbanisme et d'environnement). Dans le cadre de sa mission de conseil, ce dernier répondra gratuitement à certaines de vos problématiques d'aménagement.

Enfin, si votre projet comporte des modifications extérieures, n'oubliez pas de déposer une déclaration de travaux auprès de votre mairie. Certaines extensions ou modifications de destination (transformation d'une grange en locaux d'habitation, par exemple) nécessiteront, quant à elles, l'obtention d'un permis de construire.

• L'aménagement d'un gîte ou d'une location

Il existe cinq niveaux de confort, du confort simple au haut de gamme, détaillés dans la grille de classement en meublés de tourisme. Ces éléments peuvent servir de base minimale de référence en l'absence de demande de classement et de labellisation.

Retrouvez l'intégralité de la grille de classement sur **www.classement.atout-france.fr**.

• L'aménagement de chambres d'hôtes

En premier lieu, la loi indique que la chambre d'hôtes doit être située chez l'habitant, dans sa résidence (même corps de bâtiment ou bâtiment annexe). Selon l'agencement de l'hébergement, le propriétaire optera pour la création de chambres et/ou de suites. Ces dernières sont constituées de deux pièces attenantes : une chambre et un coin salon, ou la chambre des parents puis celle des enfants pour une suite familiale. Toute chambre doit obligatoirement donner accès à une salle d'eau et des WC privatifs ou communs à plusieurs chambres.

En l'absence de critères réglementaires plus précis et de procédure de classement, il convient de se référer aux grilles de labellisation existantes pour dégager les normes de confort requises. Pour ce qui est de l'aménagement intérieur, le niveau de confort est principalement évalué en fonction de la superficie des chambres, du soin accordé à leur décoration, de la qualité de la literie et du confort des sanitaires, forcément privatifs en haut de gamme.

La création de chambres d'hôtes nécessite l'aménagement d'une pièce de vie commune à toutes les chambres. C'est dans cette pièce ou en extérieur, lorsque le temps le permettra, que sera servi le petit-déjeuner. Cette pièce, à l'ambiance familiale ou plus sophistiquée, sera aménagée selon les goûts du propriétaire : coin bibliothèque, documentation, piano... En extérieur, il convient de prévoir l'aménagement de places de stationnement soit à proximité, soit sur un espace privatif. Outre le contenu du petit-déjeuner, que nous aborderons plus tard, l'appréciation du confort de la chambre sera principalement fonction de l'existence d'espaces privatifs et de la qualité des équipements.

L'achat d'un bien immobilier en vue de la création d'un hébergement touristique

Auparavant marginal, ce cas de figure s'est largement répandu dans des proportions qui sont désormais contenues par les pouvoirs publics par le biais d'une réglementation plus contraignante. Dans ce cas, l'hébergement destiné à devenir le plus souvent une location meublée devra être choisi en fonction de plusieurs critères : localisation, agencement, environnement, proximité de services... Pour avoir un aperçu des critères d'importance, je vous invite à vous reporter à l'évaluation de l'attractivité de votre projet.

La reprise d'une structure existante

La situation était encore marginale il y a peu de temps, on assiste à un véritable « commerce » de chambres d'hôtes – beaucoup moins à celui de gîtes, même si la pratique existe. Vous trouverez des petites annonces de reprise d'hébergement sur les sites départementaux de certains labels ou dans la presse spécialisée. En matière de chambres d'hôtes, *Accueillir Magazine* publie en ligne plus de 150 petites annonces partout en France métropolitaine et outre-mer. Vous pourrez également publier votre recherche sur le site **www.accueillir-magazine.com**.

Ce scénario correspond souvent à un changement de vie : les repreneurs ont pour objectif de vivre, à terme, de l'activité de loueurs ; une personne au sein du foyer conserve en attendant, souvent, son emploi à l'extérieur. Il convient d'examiner les points de vigilance et les conditions de négociation de la vente.

En premier lieu, il est nécessaire de s'informer du volume d'affaires généré par le vendeur. Le diagnostic de son expérience permettra au repreneur d'affiner le potentiel de la structure en étudiant objectivement ses atouts et ses faiblesses. Ceux-ci peuvent être intrinsèquement liés à la personne de l'exploitant ou, au contraire, être structurels.

En second lieu, il faudra procéder à l'expertise des équipements et des services existants afin d'évaluer le montant des investissements à réaliser. En général, le repreneur souhaitera mettre sa griffe ; si la structure est en bon état, il s'agira principalement de menus travaux.

S'agissant de la vente en tant que telle, nous sommes dans le cadre d'une cession immobilière classique. En fonction de son régime d'imposition, le vendeur sera soumis au régime des plus-values immobilières des particuliers (micro-BIC) ou au régime des plus-values immobilières professionnelles (régime réel à condition que le bien soit inscrit à l'actif du bilan).

PAROLES DE LOUEUR

Une reprise de chambres d'hôtes dans l'Aisne

Témoignage de Blandine Douniaux, ancienne propriétaire

Les chambres d'hôtes ont représenté dix-sept ans de ma vie. Nous avons cédé tous les biens utiles à la reprise de l'activité : meubles, literie... C'est difficile de donner des conseils tant le succès de cette activité est aléatoire. N'en déplaise à ceux qui pensent le contraire, je demeure convaincue que toutes les formations d'accueil n'y suffisent pas si l'on n'est pas naturellement enclin à accueillir des gens chez soi et à n'avoir en tête que la réussite de leur séjour. Cela demande de la patience, de la discrétion, un bon relationnel, de la largesse parfois, car pour recevoir il faut savoir donner, et un petit geste commercial sera toujours le bienvenu ! Dans le contexte actuel qui tend de plus en plus vers une présomption d'activité commerciale, des charges supplémentaires risquent de s'imposer aux exploitants. Je conseille donc à tous ceux qui souhaitent se lancer sereinement de conserver une activité à l'extérieur, au moins pour une personne vivant au foyer. Cela étant, lorsqu'on accepte

2

les règles du jeu et qu'on adopte le mode de vie correspondant, gérer des chambres d'hôtes constitue une vraie source de plaisir, un réel enrichissement. Un dernier petit conseil à l'attention de tous ceux qui sont intéressés par la reprise : conservez les coordonnées de l'ancien propriétaire.
Il m'arrive encore de renvoyer les demandes d'anciens clients vers la messagerie électronique de monsieur et madame Merouze !

Entretien avec Marie-Hélène et Paul Merouze,
repreneurs et actuels propriétaires
www.lebocage-sorbais.fr

Pour quelles raisons avez-vous opté pour la reprise de chambres d'hôtes ?

Pharmaciens, nous pensions depuis quelques années à une reconversion dans un métier d'accueil, pour la diversité et la richesse des échanges. Pour financer cet achat, nous avons vendu notre maison puis contracté un emprunt. Sur ce point, même si ce n'était pas le cas de madame Douniaux, l'immatriculation du vendeur au RCS facilite l'obtention d'un prêt. Cela permet à l'établissement bancaire d'évaluer la faisabilité du projet à partir d'un chiffre d'affaires avéré. Nous avons choisi de maintenir un poste à l'extérieur jusqu'à la fin des études de nos enfants ; par la suite, en fonction de notre chiffre d'affaires, nous envisageons d'être tous les deux à temps plein sur l'exploitation de nos quatre chambres d'hôtes.

Quel bilan dressez-vous au terme de sept années d'activité ?

Plutôt qu'une création, la reprise d'une maison d'hôtes nous a permis de commencer à travailler sans attendre et de limiter les investissements. Je n'ai donc pas eu d'interruption totale de revenus et nos chambres génèrent une meilleure rentabilité. Aujourd'hui, mon mari garde une activité à temps partiel pour compléter nos revenus et sa retraite. Au terme de ces sept ans, nous sommes ravis de notre choix en dépit de la charge de travail. Forts d'une belle réputation, nous envisageons de continuer encore de longues années.

2. CONTACTER LES ORGANISMES PROFESSIONNELS

Le tourisme est un enjeu pour chaque région. Afin d'utiliser au mieux les possibilités offertes par la zone d'implantation de votre projet, il est préférable de connaître les organismes que vous pouvez solliciter.

Les organismes publics ou parapublics

• Sur le plan national

En l'absence de ministère dédié, c'est sur les sites de la Direction générale des entreprises, **www.veilleinfotourisme.fr** et **www.entreprises.gouv.fr**, que vous trouverez les données et actualités conjoncturelles et réglementaires utiles.

Atout France, www.atout-france.fr : cette agence de développement a pour objectif de promouvoir la « destination France » sous toutes ses formes.

Ses missions consistent à coordonner « les efforts des acteurs institutionnels et privés pour valoriser l'image de la France par des actions de promotion, d'information et de communication, et les aider par la réalisation d'études », mener des missions d'expertises, d'études, d'analyses et de conseils auprès des acteurs publics et privés du tourisme, en France et à l'étranger. Le loueur peut adhérer individuellement à l'organisme afin de bénéficier d'outils de promotion spécifiques.

• Sur le plan régional

Le comité régional du tourisme (CRT) est l'instance qui incarne les compétences des nouvelles grandes régions en matière de tourisme.

Sa vocation première est la promotion, en France et à l'étranger, de la destination régionale. Il est également en charge de l'observation économique du secteur d'activité, de la mise en œuvre du schéma régional touristique et de l'organisation des professionnels, des filières et des métiers du tourisme. Il n'exerce pas de compétence directe auprès des loueurs de meublés et de chambres d'hôtes.

• Sur le plan départemental

Le comité départemental du tourisme (CDT) prépare et met en œuvre la stratégie du conseil départemental en matière de tourisme. Il fait évoluer une offre de qualité en accompagnant les porteurs de projets touristiques : activités, hébergement… Le CDT assure la promotion et la mise en marché de la destination.

C'est au sein du CDT que vous pourrez vous adresser à un technicien habilité à vous accompagner dans la définition et la mise en œuvre de votre projet : conseils en aménagement, éléments de faisabilité, orientation vers des démarches qualité, constitution des dossiers de demandes de subventions, commercialisation de l'hébergement. Une fois l'hébergement créé, il est indispensable de se faire connaître de son CDT afin de bénéficier de certaines opérations de communication ou de commercialisation.

Les conseils d'architecture, d'urbanisme et d'environnement (CAUE) – Ce sont des organismes départementaux d'information et de conseil ouverts à tous. Vis-à-vis des particuliers, ils sont investis d'une mission de conseil visant à améliorer la qualité architecturale des constructions et leur bonne insertion dans l'environnement. Les porteurs de projets peuvent les solliciter directement, ou *via* l'intermédiaire de leur CDT ou leur label.

• Sur le plan local

Les offices de tourisme et syndicats d'initiative (OTSI) – Il peut s'agir de partenaires de choix en matière de qualité et de promotion. Ils fédèrent l'offre touristique dans leur zone de compétence, coordonnent les acteurs locaux du tourisme et assurent l'animation touristique.

En raison de la disparité de leur mode de fonctionnement et de leurs prestations, il convient de s'adresser directement à l'office en charge de la zone touristique où est implanté l'hébergement pour prendre connaissance du soutien dont vous pouvez disposer.

Les communes et groupements intercommunaux – En fonction de l'organisation de chaque territoire, les communes ou leurs groupements (communauté urbaine, communauté d'agglomérations, communauté de communes, pays...) peuvent exercer des compétences en matière de développement touristique par le biais de l'office de tourisme municipal ou communautaire, mais également par l'organisation d'opérations d'animation et de promotion spécifiques.

Les chambres de commerce et d'industrie (CCI) – Elles peuvent accompagner certains porteurs de projets, généralement dans le cadre de créations professionnelles, à travers la réalisation d'études de marché notamment.

Les CCI peuvent également, selon les départements, être de bons relais d'information et disposer d'un ensemble de données utiles pour mieux cerner le marché.

Les labels reconnus par les pouvoirs publics

Labels, déclarations d'intention, réseaux, certifications: les signes de qualité ne manquent pas mais, si l'on y regarde de plus près, quatre seulement sont reconnus officiellement. Très marquées au début, leurs différences se sont estompées avec le temps. Cantonnés jadis au territoire rural, les Gîtes de France poussent leurs frontières jusqu'à l'entrée des villes, voire s'y implantent.

Initialement implanté dans les zones littorales, les stations de montagne et les villes, le label Clévacances est également largement représenté à la campagne, y compris à travers des hébergements traditionnels. Accueil Paysan et Fleurs de Soleil font, quant à eux, office de labels spécialisés, le premier en agrotourisme, le second en matière de chambres d'hôtes. Plus récemment, en 2019, les ténors du secteur, Gîtes de France et Clévacances, fortement concurrencés par les sites de commercialisation de type Airbnb, ont annoncé leur intention de fusionner afin de créer une plateforme de commercialisation commune. Affaire à suivre.

Sur un plan budgétaire, l'adhésion à un label implique diverses charges – droit d'entrée dans le réseau, cotisation annuelle nationale ou locale, parfois les deux –, qui varient du simple au double en fonction de la zone d'implantation de l'hébergement. En contrepartie et selon les labels, vous pourrez bénéficier d'outils de promotion spécifiques (panonceau, petite annonce dans un guide ou un catalogue, encart promotionnel sur le site Internet national, voire local), d'outils de gestion professionnels (contrat de location, état des lieux…) et parfois d'une assistance juridique et fiscale.

Les labels sont, en général, accordés pour une durée de 3 à 5 ans ; ensuite, l'hébergement devra faire l'objet d'une visite de contrôle visant à maintenir, revaloriser ou diminuer le niveau de confort attribué.

Comme cela a déjà été précisé, l'adhésion à un label est facultative et subordonnée au respect d'une charte de qualité propre à chaque organisme labellisateur.

En pratique

Choisir son label en 9 questions clés

1. Mon hébergement est-il à l'image de la gamme labellisée ?
2. Est-ce que je me reconnais dans l'état d'esprit, la philosophie de l'organisme ?
3. Le label est-il respectueux de mon projet initial ?
4. L'accompagnement administratif qui m'est proposé est-il complet et de qualité (documents types, assistance juridique et fiscale) ?
5. Les correspondants départementaux du label sont-ils disponibles, à l'écoute ?
6. L'organisme jouit-il d'une bonne notoriété aux plans national et international ?
7. Quelles sont les actions de communication qui me sont proposées ?

8. Le label développe-t-il une stratégie commerciale offensive, notamment sur le Web ?
9. Le label se positionne-t-il également sur des tendances porteuses des marchés de niche ?

2

- **Les Gîtes de France,** **www.gites-de-france.com**

Créé en 1955, le réseau Gîtes de France propose 45 400 gîtes ruraux et 21 200 chambres d'hôtes sur le territoire national, principalement en milieu rural. Le label est également membre et cofondateur de l'association européenne Eurogîtes, qui propose une offre de tourisme chez l'habitant, le plus souvent à la campagne et à la ferme dans 24 pays à travers le monde. Le réseau labellise des gîtes, des gîtes d'étape, des gîtes d'enfants, des campings et des chambres d'hôtes.

Les gîtes et les chambres d'hôtes sont labellisés de 1 à 5 épis. La labellisation répond à une charte de qualité nationale qui a longtemps conditionné l'obtention du label à l'implantation rurale de l'hébergement et au statut forcément agricole de l'exploitant. Même si ce n'est plus le cas aujourd'hui, les Gîtes de France sont encore synonymes de vacances à la campagne, mais pour combien de temps ? Les Gîtes de France ont officialisé leur volonté d'aller à la conquête du territoire urbain à travers la labellisation de gîtes et chambres d'hôtes en ville *via* la démarche « city break ».

Le réseau propose également des qualifications : gîte accessible aux handicapés, gîte équestre, gîte de pêche, gîte de neige et séjour en vignoble.

- **Clévacances,** **www.clevacances.com**

Clévacances est un réseau issu de la fusion, en 1995, de trois réseaux régionaux de locations. Il regroupe à ce jour plus de 15 200 gîtes et locations et 4 300 chambres d'hôtes sur tout le territoire national.

Ce label dispose d'une large gamme de produits, notamment en milieu urbain. Les biens ouverts à une labellisation Clévacances sont des maisons, des appartements et des studios, des chalets, des habitats de loisirs et des résidences de tourisme.

Plus jeune que l'opérateur historique, le label propose aussi un ensemble de qualifications dédiées à la pratique de la pêche et à l'œnotourisme. Il encourage également, en partenariat avec Tourisme & Handicaps, la création d'hébergements touristiques pour les personnes handicapées.

- **Accueil Paysan, www.accueil-paysan.com**

Fondé en 1987, le réseau Accueil Paysan réunit des propriétaires souhaitant partager leur vision de l'espace rural. À la différence du réseau Bienvenue à la Ferme, le label est destiné à toute personne, agriculteur ou non, proposant un support agricole d'échange avec ses hôtes : jardinage, élevage, bûcheronnage, paysagisme, connaissance du monde rural, de la vie des sols, des plantes et des animaux...

La charte de qualité d'Accueil Paysan précise que le réseau réunit « dans la solidarité et le respect de l'environnement, paysans, retraités, acteurs ruraux et paysans de la mer ». Sa vocation est l'accueil en milieu rural sous toutes ses formes : chambres d'hôtes, gîtes et relais, tables d'hôtes, auberges, campings, séjours d'enfants et découverte de produits agricoles. À l'instar des labels précités, Accueil Paysan demande à ses propriétaires de respecter un cahier des charges.

Présent dans 80 départements, il regroupe à ce jour 690 gîtes et 700 chambres d'hôtes.

- **Fleurs de Soleil, www.fleursdesoleil.fr**

Là où les autres s'appuient sur une charte de qualité nationale, l'association Fleurs de Soleil revendique une démarche qualité certifiée ISO 9001.

Son site regroupe l'intégralité des structures labellisées et promeut « l'état d'esprit » du label. Pour y avoir accès, il convient de réunir de « bonnes conditions d'environnement et de confort ». Les propriétaires doivent également habiter la maison, et « leurs chambres refléter leur personnalité » ; le label précise enfin que l'accent sera mis sur la chaleur de l'accueil et le temps consacré aux visiteurs.

Fleurs de Soleil totalise environ 450 chambres d'hôtes et s'est ouvert récemment à la labellisation de meublés.

- **Chambre d'hôtes référence**

Créée en 2014 par Offices de tourisme de France (**www.offices-de-tourisme-de-france.org**), la Fédération nationale des offices de tourisme, Chambre d'hôtes référence est un outil de référencement des chambres d'hôtes non labellisées. Pour en bénéficier, les propriétaires doivent en faire la demande auprès de leur office de tourisme et respecter certains critères (chambre exempte de nuisances olfactive, sonore ou visuelle, salle de petit-déjeuner réservée aux hôtes, etc.). La qualification est valable 5 ans et la procédure coûte environ 100 €, somme dont les propriétaires ne sont redevables qu'une seule fois. Pour les offices de tourisme, c'est un moyen de rassurer leurs clients concernant la qualité d'établissements non labellisés. Pour les propriétaires, il s'agit de montrer patte blanche sans pour autant s'affilier à un label.

Les réseaux et labels partenaires

Ils sont nombreux et spécialisés dans un aspect de l'offre touristique ou sur un territoire.

- **Bienvenue à la ferme, www.bienvenue-a-la-ferme.com**

L'association a été créée par l'assemblée permanente des chambres d'agriculture (APCA) en 1988 pour développer l'agrotourisme. Le réseau est réservé aux agriculteurs et leur propose de mettre en place des prestations annexes autour de la gastronomie (ferme auberge, goûter/casse-croûte, vente de produits de la ferme, apéritif fermier, sac pique-nique, activité traiteur), des loisirs et découvertes champêtres (séjours pour enfants, ferme découverte, ferme pédagogique, ferme équestre, chasse à la ferme).

À travers ce réseau, on peut également faire la promotion d'accueil de camping-cars et de locations de salles. Bienvenue à la Ferme propose des prestations complémentaires à l'hébergement, qui sera, quant à lui, labellisé par un label partenaire.

3. SE FORMER

Avec la multiplication des structures d'accueil et des projets dits professionnels, l'offre de formations devient pléthorique, surtout lorsqu'il s'agit de créer des chambres d'hôtes. Comment faire le tri entre les opérateurs publics et privés, les éditeurs, les labels, les organismes de commercialisation, les sites publicitaires et les exploitants en exercice ?

Tout dépend de votre profil… et de vos moyens ! Plutôt que d'établir un classement, vous pouvez évaluer la qualité de l'offre de formations à l'aune de certains critères (voir ci-dessous).

En pratique

Les prérequis d'une formation de qualité

La formation fait appel à un intervenant qualifié – Il est préférable que cette personne soit un professionnel du tourisme afin d'avoir une vision exhaustive de l'activité. Les chargés de mission des labels et comités de tourisme sont experts en la matière. Outre l'apport théorique, ils vous feront bénéficier de leur expérience du terrain et de leur connaissance du territoire. Un professionnel peut cependant cacher un propriétaire et inversement.

Le programme de la formation est adapté à mes besoins – Vous êtes totalement néophyte ? Vous avez quelques connaissances mais vous voulez approfondir certains aspects de la création ? Pour être sûr d'opter pour une formation satisfaisante, listez très précisément les points que vous souhaitez voir aborder et assurez-vous qu'ils seront couverts par la formation. Si ce n'est pas le cas, faites connaître vos besoins en amont pour vous assurer de pouvoir bénéficier d'un conseil personnalisé.

Le coût de la formation correspond à la nature de mon projet et à mes objectifs – L'élément tarifaire a en réalité plus d'importance qu'il n'en a l'air. Selon les modalités que vous aurez choisies, il faudra une bonne dose de courage à votre formateur pour vous ôter les milliers d'étoiles que vous avez dans les yeux si votre projet ne tient pas la route ! Les formations sont parfois gratuites ou correspondent à la contrepartie d'une adhésion ; c'est le cas lorsqu'elles sont dispensées par les offices de tourisme, CDT ou labels. Les sessions privées, proposées par des propriétaires notamment, sont souvent plus onéreuses car elles proposent aux porteurs de projets d'évoluer dans la maison d'hôtes, au cœur même de l'activité. La formation se double alors d'un séjour en chambre d'hôtes… Une façon de joindre l'utile à l'agréable !

Pour conclure, à chacun sa formule ; prenez simplement garde à investir dans une formation solide, en prenant soin d'éviter les marchands de rêves…

4. S'INFORMER

Sites, blogs et presse écrite sont les alliés incontournables des loueurs de gîtes et de chambres d'hôtes pour connaître l'actualité de leur secteur d'activités. Il existe cependant très peu de supports spécialisés en dehors des publications internes des réseaux.

2

Les blogs, sites et magazines

Accueillir Magazine, **www.accueillir-magazine.com** – C'est le seul support de presse spécialisé à destination des exploitants de chambres d'hôtes. Très complète, cette publication bimestrielle est accessible par abonnement. Organisé autour de cinq grandes rubriques, le journal totalise une trentaine de pages et propose un point sur l'actualité réglementaire et législative du secteur, des outils de gestion (réglementation, fiscalité, maîtrise des coûts d'exploitation…), des conseils en communication, les témoignages d'acteurs du secteur et des astuces d'aménagement. Son site propose une boîte à outils téléchargeables visant à simplifier et à professionnaliser la gestion quotidienne de son hébergement.

Créé en 2005, *Accueillir Magazine* s'est rapidement imposé comme le partenaire incontournable de nombreux propriétaires de chambres d'hôtes. Son équipe propose également des formations de qualité.

Concernant la presse destinée aux professionnels du tourisme, on notera qu'elle peut se faire l'écho des dernières tendances et d'éléments conjoncturels ou réglementaires. On peut se tenir informé ou s'inspirer des tendances de l'hôtellerie en consultant les sites références suivants :

- **www.quotidiendutourisme.com**
- **www.tourmag.com**
- **www.lechotouristique.com**
- **www.laquotidienne.fr**
- **www.hr-infos.fr**
- **www.tourisme-durable.org**

En ce qui concerne les blogs, on notera **www.ouvrir-chambres-hotes-leblog.com**, blog de la rédaction d'*Accueillir Magazine* et **www.etourisme.info** pour leur super « boîte à outils » et expertise en e-tourisme.

5. DÉFINIR SES OBJECTIFS : REVENU ANNEXE OU ACTIVITÉ PROFESSIONNELLE ?

L'attrait pour une nouvelle vie, pour une activité où l'on est son propre patron s'est nettement fait sentir ces dernières années. Auprès des porteurs de projets, les professionnels tiennent un même discours : ils affirment que l'on ne vit pas de l'activité de loueur. Selon une position plus nuancée, on pourrait en vivre à condition de réunir les atouts suivants : minimiser son investissement de départ, jongler avec plusieurs types de clientèles pour assurer un remplissage peut-être inégal mais constant, disposer d'importants moyens de promotion et prévoir une « pomme pour la soif » le temps que le bouche-à-oreille fonctionne…

Si vous ne savez pas encore où placer vos objectifs, vous pouvez avoir recours à une étude de faisabilité qui, en fonction des caractéristiques de votre projet, va dégager ses conditions de succès.

La parole des professionnels et des propriétaires est également là pour vous guider vers le projet qui vous ressemble le plus et vous permettre d'analyser objectivement votre situation personnelle. Pour cette étape capitale, le réalisme est de mise ; une année seulement peut suffire à mettre en péril les exploitants qui se trouvaient au départ dans une situation financière fragile. Renoncer si rapidement à son projet peut être vécu comme un véritable échec. Aussi, il vaut mieux, parfois, en repousser la réalisation jusqu'à pouvoir faire face aux premières années difficiles, ou revoir tout simplement ses objectifs à la baisse en ne comptant pas sur cette activité pour apporter le revenu principal du foyer.

D'un loueur à l'autre

Les deux témoignages suivants vous permettront de mesurer l'importance du choix entre revenu annexe ou activité professionnelle.

PAROLES DE LOUEURS

« Une activité annexe épanouissante sur un plan personnel, limitée en termes de revenus »

Entretien avec Robert Vergnes, propriétaire d'un gîte et d'une chambre d'hôtes dans le Tarn, **www.masdarnal.com**

En 1989, qu'est-ce qui vous a conduit à vous lancer dans l'activité de loueur ?

J'ai hérité d'une maison de famille et j'ai vu dans cette activité l'opportunité de faire face à ses charges d'entretien. À l'époque, mon épouse et moi-même étions encore enseignants et nous approchions doucement du terme de notre vie professionnelle.
L'ouverture de ce gîte, attenant à notre maison d'habitation, nous offrait la possibilité de goûter à une activité nouvelle axée sur la rencontre et l'échange. Nous l'avons toujours envisagée comme une activité annexe, épanouissante sur un plan personnel, limitée en termes de revenus.

2

Quelles sont les principales évolutions constatées dans l'exercice de cette activité ?

Elles sont nombreuses ! Auparavant, les personnes qui se lançaient aménageaient leur hébergement sans occasionner de frais supplémentaires. Aujourd'hui, les attentes de la clientèle sont beaucoup plus fortes et l'aménagement d'un gîte requiert des moyens plus conséquents. Pour renforcer l'attractivité de notre hébergement, nous avons fait des efforts pour l'ameublement, la décoration, nous nous sommes dotés d'un terrain de jeux puis équipés d'une piscine chauffée. En outre, nous offrons la possibilité d'accéder gratuitement à des courts de tennis et nous proposons des activités dans le cadre de programmes locaux de découverte du terroir gaillacois. Petit à petit, force est de constater que nous sommes allés au-delà de l'objectif premier de conservation patrimoniale pour développer une offre commerciale visant à séduire une clientèle.

Dans les modes de consommation, on constate également des changements. La durée d'un séjour pouvait facilement aller jusqu'à 3 semaines, un délai qui permettait de nouer un vrai relationnel avec nos hôtes et de favoriser ainsi leur fidélisation. Aujourd'hui, les séjours sont plus courts, il s'agit majoritairement d'une clientèle de passage, plus difficile à fidéliser. Plus globalement, l'offre de séjours est plus riche et accessible, dans son intégralité, en quelques minutes seulement. Pour tirer son épingle du jeu, il convient de s'investir davantage, notamment pour ce qui est de la communication.

Vous êtes loueur depuis près de 40 ans, n'éprouvez-vous aucune lassitude ?

Non, nous avons même ouvert une chambre d'hôtes il y a peu et mon épouse se régale ! Bien sûr, en tant que retraités, nous paramétrons l'activité à nos envies et besoins : le gîte n'est ouvert qu'en saison, de mai à septembre, et nous sous-traitons certaines tâches d'entretien. Au-delà du plaisir que nous y prenons, le complément de revenus que nous en tirons nous permet de financer quelques envies d'escapades. L'aventure continue !

« Un nouveau départ professionnel, mais pas seulement »

Entretien avec Pascal Brossard, propriétaire de quatre chambres d'hôtes et de deux gîtes en Ille-et-Vilaine,
www.chambre-gite-briac.fr

Avez-vous envisagé tout de suite la création de chambres d'hôtes comme une activité professionnelle ?

Cela a nécessité un vrai cheminement, tant sur le plan professionnel que personnel. Consultant en ressources humaines puis gestionnaire d'entreprise, je me suis trouvé sur le marché de l'emploi à 50 ans. Dans le même temps, mes enfants devenaient indépendants financièrement, je pouvais donc envisager un changement de vie radical. Nous nous rendions régulièrement dans notre propriété familiale en Ille-et-Vilaine, et c'est là, au second semestre 2005, que le projet de reconversion a commencé à germer. Avec la complicité de mon épouse, j'allais au-delà d'un nouveau départ professionnel pour opérer un réel changement de vie.

Par quelles étapes êtes-vous passé ?

Entre la conception du projet et sa réalisation, un an et demi s'est écoulé. J'ai d'abord couché le projet sur le papier et réalisé moi-même une étude de marché en sollicitant les exploitants alentour et l'office de tourisme afin d'évaluer un taux de remplissage prévisionnel. Il nous fallait faire construire puisque le terrain ne disposait d'aucune habitation.

Les simulations d'activité et l'étude de marché que j'ai réalisées en interrogeant les professionnels du tourisme sur la zone m'ont montré que, pour que cette activité puisse me faire vivre, il fallait au moins 4 ou 5 hébergements. 4 chambres d'hôtes me semblant un maximum pour conserver la convivialité et la qualité de l'accueil et du service, j'ai opté pour la création complémentaire de 2 gîtes. Cela permettait de toucher des clientèles un peu différentes et recherchant un autre type de service.

Nous avons choisi de faire construire notre habitation puis les chambres d'hôtes et les gîtes dans deux corps de bâtiments distincts pour conserver le plus possible d'indépendance et d'intimité pour nous-mêmes comme pour les hôtes.

Compte tenu de mes objectifs et des simulations économiques réalisées, j'ai opté pour la création d'une entreprise individuelle, et mon statut de demandeur d'emploi m'a permis de bénéficier de l'ACCRE, un dispositif qui exonère le créateur de charges sociales pendant la première année d'activité. Nous avons ouvert le 15 juillet 2007 après un an de travaux.

Quels conseils donneriez-vous à tous ceux que votre aventure tente sur un plan professionnel ?

Le niveau de rentabilité d'un tel projet reste limité et n'est pas comparable à la rentabilité d'investissements dans des entreprises classiques, dans lesquelles on vise, en général, un remboursement du capital investi au bout de 7 à 8 ans en moyenne.

La rémunération que l'on peut en tirer est modeste par rapport au salaire moyen d'un cadre. Cela me semble difficile de se lancer lorsque l'on a des enfants à charge, des étudiants notamment (pour des raisons de disponibilité financière principalement). Il faut également envisager ce changement de vie sur le long terme : je terminerai d'amortir mes investissements dans une quinzaine d'années (bâtiments non compris).

Il est également essentiel d'assurer ses arrières et, si on a la chance d'être en couple, il est préférable que le conjoint garde son emploi, à l'instar de mon épouse qui est toujours institutrice. Je le conseille également sur le plan privé car cela peut être difficile de gérer une activité en couple ou d'être en permanence ensemble.

Les plateformes de commercialisation sont devenues des acteurs incontournables, quelle est votre stratégie en la matière?

Aujourd'hui, les internautes n'ont plus la patience de chercher la bonne adresse, ils se tournent donc rapidement vers Airbnb ou Booking pour accélérer leur recherche. J'ai accepté ce nouveau deal contraint et forcé et tente de rester identifiable directement. Cependant, je dois bien reconnaître que je réalise 50 % de mon chiffre d'affaires sur l'une de ces deux plateformes. Mon objectif étant de ne pas dépasser cette limite, ce que je recommande à tous les loueurs.

L'analyse et les conseils des professionnels

Le profil du créateur d'hébergement touristique a beaucoup évolué.

Un professionnel, issu d'une région aux réalités touristiques contrastées, nous livre son analyse sur l'évolution des attentes des créateurs et son sentiment quant aux récentes évolutions du secteur.

LE POINT DE VUE DE L'EXPERT

Entretien avec Emmanuel Mosini,
cadre Aménagement Tourisme en Haute-Marne

Les attentes des porteurs de projets de gîtes ont-elles évolué ces dernières années?

Les propriétaires souhaitent toujours valoriser un bâti, mais ils sont avant tout à la recherche d'un complément de revenu et d'activité ; ils espèrent atteindre un taux de remplissage optimal. Ils exigent alors la mise à disposition d'un outil de commercialisation intuitif et performant facilitant la réservation en ligne. La présence online de leur hébergement est capitale, les photos attractives déterminantes. Aujourd'hui, c'est la commercialisation qui est l'enjeu majeur de la production d'hébergements labellisés. Je note également chez les nouveaux propriétaires le besoin de mieux connaître leur territoire afin d'offrir à leurs hôtes un accompagnement sur mesure. Dans ce sens, mon département, comme d'autres, met en place des « Eductours » associant les différents prestataires touristiques présents sur le territoire.

Qu'en est-il des propriétaires de chambres d'hôtes ?

Ils ont sensiblement les mêmes attentes que les loueurs de gîtes et locations, à ceci près qu'ils s'investissent plus encore sur le plan des échanges et de la disponibilité. La réactivité est encore plus déterminante. S'ils proposent en complément la prestation de tables d'hôtes, le rythme de l'activité est alors très soutenu, calqué sur le modèle d'une micro-entreprise. Les exploitants sont en général des actifs, des femmes au foyer qui ont envie de reprendre une activité, des retraités de professions libérales (artisans, commerçants…) et encore quelques agriculteurs engagés dans une démarche de diversification de leur exploitation. Notre devoir est toujours d'informer les porteurs de projets sur la réalité économique d'une telle activité, sur la concurrence impitoyable des plateformes de location ; j'ai alors la responsabilité de ne pas faire miroiter le dessein d'un revenu unique. En Haute-Marne, comme dans de nombreux départements français, on ne vit pas de l'activité de loueur.

L'essor des nouvelles plateformes de location de type Airbnb fait-il selon vous émerger une nouvelle catégorie de loueurs ? Avez-vous des conseils spécifiques à leur prodiguer ?

Oui, et je leur conseille de compléter leur présence sur des plates-formes de location par une labellisation afin de rassurer leurs clients sur la qualité de l'hébergement et de bénéficier d'un service après-vente performant, notamment en cas de problème. Cette garantie peut faire la différence auprès de l'internaute qui se trouve devant une offre pléthorique où le meilleur cohabite bien souvent avec le pire.

6. ÉVALUER PRÉALABLEMENT SON PROJET

Identifier ses attentes

• Sur le plan personnel

Historiquement, la principale attente des créateurs de gîtes, de locations et de chambres d'hôtes sur un plan personnel est de favoriser les échanges. Tous ont, en principe, le goût des relations humaines et cherchent à multiplier les rencontres.

Ils éprouvent un vrai plaisir à accueillir leurs clients tant dans la préparation des lieux que dans un accompagnement personnalisé tout au long du séjour, *a fortiori* lorsqu'il s'agit de l'accueil en chambres d'hôtes.

Les propriétaires d'hébergements touristiques se caractérisent également par un réel attachement à leur région. À travers cette activité, ils cherchent le moyen de partager leurs connaissances et de transmettre cet attachement.

Lorsqu'il s'agit de rénover un bien du patrimoine familial, ils éprouvent également la satisfaction de poursuivre une histoire familiale ou d'en valoriser un aspect, par exemple à travers la rénovation d'un bâtiment agricole laissé à l'abandon.

Dans le cadre plus spécifique d'un projet professionnel, les porteurs de projets s'inscrivent dans une démarche de création d'entreprise avec toutes les attentes que cela implique, principalement l'indépendance.

• Sur le plan budgétaire

La création de l'hébergement répond à trois cas de figures :

- le porteur de projet souhaite financer la rénovation d'un bien privé et la création sert de prétexte à la rénovation. La mise en location du bien est destinée à obtenir quelques financements publics. Pour limiter ce cas de figure, les pouvoirs publics imposent généralement une période minimale de mise en location qui peut aller jusqu'à 10 ans en fonction de la nature et du montant de la subvention octroyée. Au-delà du remboursement des investissements réalisés, ces porteurs de projets n'ont, en général, pas d'objectifs financiers précis ;
- le porteur de projet souhaite créer un revenu annexe. Dans ce cas, les objectifs fixés correspondent aux durées moyennes de location : 112 nuitées par an pour les chambres d'hôtes et 16 semaines pour les gîtes et locations ;
- le porteur de projet envisage cette activité sous l'angle de la création d'entreprise ; les objectifs fixés vont au-delà des périodes moyennes de location et correspondent à l'amortissement de l'investissement puis à la création d'un revenu régulier défini, arrêté dans le cadre d'une stratégie commerciale.

On estime en moyenne que la phase de démarrage dure trois ans. Un plan de financement trop serré ne permettra pas de faire face à la baisse de fréquentation hivernale ou à deux premières saisons gâchées par les intempéries. N'oublions pas que cette activité est très aléatoire, tributaire des habitudes de consommation des ménages, de leur pouvoir d'achat mais également de la météo et de l'air du temps.

7. ÉVALUER L'ATTRACTIVITÉ DE SON PROJET : LES FACTEURS DE RÉUSSITE

Une localisation porteuse

La localisation de l'hébergement est un élément essentiel du projet. Les gîtes et les chambres d'hôtes se développent aujourd'hui partout, même s'ils sont plus massivement présents dans les régions à fort potentiel touristique.

Qu'il soit implanté en milieu urbain, en zone rurale, à la montagne ou sur le littoral, l'hébergement présentera plus d'attractivité s'il se situe à proximité de sites touristiques ou événementiels, de services et de commerces. Il est également préférable qu'il soit facilement accessible : à proximité d'un aéroport, d'une gare et d'axes routiers majeurs.

Meublés classés de tourisme			
Région	**Nombre**	**Capacité**	**%**
Auvergne-Rhône-Alpes	27714	137964	31,2 %
Bourgogne-Franche-Comté	3195	15740	3,6 %
Bretagne	6705	31855	7,2 %
Centre-Val-de-Loire	1618	8977	2 %
Corse	2	16	0 %
Grand Est	4251	19906	4,5 %
Hauts-de-France	1605	7750	1,8 %
Ile-de-France	552	2311	0,5 %
Normandie	2828	12956	2,9 %
Nouvelle-Aquitaine	18650	85618	19,4 %
Occitanie	11867	53475	12,1 %
Pays de la Loire	2343	11966	2,7 %

2

Meublés classés de tourisme			
Région	**Nombre**	**Capacité**	**%**
Provence-Alpes-Côte d'Azur	10789	50665	11,5 %
Total	**92069**	**439199**	**99,4 %**

Source: Parc des meublés de tourisme classés nouvelles normes au 1er janvier 2016 / *Mémento du tourisme 2017*.

Chambres d'hôtes labellisées		
Région	**Nombre en lit**	**%**
Auvergne-Rhône-Alpes	4076	15 %
Bourgogne-Franche-Comté	1896	7 %
Bretagne	1894	7 %
Centre-Val-de-Loire	1582	6 %
Corse	309	1 %
Grand Est	1894	7 %
Hauts-de-France	1583	7 %
Ile-de-France	612	2 %
Normandie	2505	10 %
Nouvelle-Aquitaine	3261	12 %
Occitanie	3760	14 %
Pays de la Loire	1502	5 %
Provence-Alpes-Côte d'Azur	1810	7 %
Total	**26688**	**100 %**

Source: Parc de chambres d'hôtes labellisées (FNGF, Clévacances France, Fleurs de Soleil, Accueil Paysan) / *Mémento du tourisme 2017*.

Un territoire attractif

Tous les territoires ne sont pas égaux quant à l'attractivité et à la fréquentation touristique. Même si les contre-exemples ne manquent pas, la réussite de l'activité de loueur continuera de dépendre largement de la notoriété de la destination. Pour avoir une analyse fine du potentiel de sa région, il est vivement conseillé de se rapprocher du comité départemental du tourisme puis de l'office de tourisme dans le cadre de l'étude de la faisabilité de son projet.

Quelques données générales permettent cependant d'apprécier l'attractivité des territoires dans leur ensemble. On note que la destination urbaine a progressé de près de 8 % entre 2015 et 2016.

Voyages pour motifs personnels Répartition des nuitées (2016)	
Littoral rural	7,2 % ↓
Littoral urbain	15 % ↓
Total Littoral	**22,2 %** ↓
Montagne hors station	14,3 % ↓
Montagne station	6 % ↓
Total Montagne	**20,3 %** ↓
Rural	23,9 % ↑
Urbain	30,2 % ↑
Non renseigné	3,5 %
Source : DGE, enquête SDT. *Mémento du tourisme*, édition 2017	

Une durée de séjour flexible

En 2016, les Français ont réalisé en moyenne 3,7 courts séjours, caractérisés par une durée de 1 à 3 nuitées[1]. Une étude récente nous apprend que lorsqu'ils sont réalisés à la campagne, ces courts séjours sont l'occasion de séjourner notamment

1. *Mémento du Tourisme 2017*.

en gîte et location (45 %) ou chambres d'hôtes (20 %)[1]. Pour autant, les destinations urbaines ne sont pas en reste. Les courts séjours englobent également les city break, à savoir des « escapades réalisées en milieu urbain » (souvent par d'autres urbains), c'est-à-dire un tourisme d'évasion du quotidien effectué dans un temps bref et le plus souvent adossé à un week-end. 69 % des Français ont plaisir à partir dans une grande ville au moins 1 à 2 fois par an. Ils sont particulièrement nombreux, en proportion, dans la population Y âgée de 18 à 29 ans (74 %)[2]. Pour profiter de la multiplication des courts séjours en dehors de périodes de location plus longues et réservées à la période estivale, il est impératif de proposer des formules week-ends ou courts séjours. Pour les chambres d'hôtes, la formule est facilement accessible et consistera parfois à accorder une remise en fonction du nombre de nuitées projetées. Pour les gîtes et locations, l'aménagement d'une période de location plus courte s'étudie en fonction de la capacité de l'hébergement et de ses coûts de fonctionnement notamment en période hivernale. C'est la raison pour laquelle les propriétaires n'hésitent pas à imposer un nombre minimum de nuitées.

En chambres d'hôtes, il ne faut cependant pas limiter le court séjour à une offre tarifaire ; celle-ci est souvent accompagnée d'une thématique (bien-être, gastronomie, stage artistique...), aspect que nous aborderons un peu plus loin.

Une saisonnalité maîtrisée

• Selon la destination

Le loueur est soumis aux aléas de la saison touristique, les longs séjours continuant de se concentrer sur la période estivale. L'essentiel de l'activité se situe en haute saison (50 %), puis en limite de saison – avril, mai, juin, septembre (30 %) – et en basse saison (20 %). Ces résultats sont cependant largement fonction de la localisation de l'hébergement.

L'environnement urbain ne génère pas, par exemple, une fréquentation accrue pendant une période spécifique de l'année. Les loueurs peuvent compter sur une clientèle d'agrément et une clientèle d'affaires tout au long de l'année. Ainsi, en hiver, la ville totalise 39 % des séjours (« Développement touristique : une question de rythme », *Juristourisme*, n° 165, juin 2014).

1. « Les Français et les courts séjours à la campagne », KANTAR TNS, Airbnb, mars 2018.
2. **www.lechotouristique.com**, 04/07/2014, étude Aparthotels Adagio-Institut Easy panel.

Comparativement à la mer et à la montagne, l'espace rural bénéficie d'une saisonnalité moins forte. Les séjours s'y effectuent tout au long de l'année, mais l'été reste un temps fort pour les loueurs et l'on constate un allongement net de la durée moyenne de séjour, avec un pic en août (7,4 nuitées par séjour, contre 4,5 nuitées le reste de l'année). La fréquentation de cet espace serait soumise aux aléas climatiques dans une moindre mesure que la montagne et le littoral.

Enfin, les départements de montagne présentent deux pics de fréquentation, en hiver et en été, et le nombre de séjours sur les territoires littoraux se concentre encore sur la période estivale. Sur ces deux espaces, les loueurs sont donc soumis à une très forte saisonnalité, ainsi qu'aux aléas météorologiques.

• Objectif : « désaisonnaliser »

Loin de se soumettre aux aléas de la saisonnalité de son territoire, il s'agit pour le loueur de s'affranchir des pics de fréquentation afin de créer une plus-value pour sa destination. L'objectif ne réside pas dans l'accueil de flux importants de touristes, mais plutôt dans l'accueil de touristes ayant un potentiel de dépenses élevé.

Pour cela, il faut diversifier et développer l'offre touristique, faire alterner habilement les publics « affaires » et « loisirs », mener des opérations de marketing ciblées à destination des retraités, des couples sans enfants – de tous ceux qui ne sont pas soumis au calendrier scolaire. Concernant les tarifs, cela devra passer par une différenciation des prix (voir « Le *Yield Management* ou l'optimisation de l'adéquation entre l'offre et la demande », page 113).

Concrètement, pour un loueur, il s'agit de travailler de concert avec son territoire, en œuvrant à désaisonnaliser la destination. Positionnement, stratégie événementielle : cela veut dire coller au plus près à la stratégie territoriale pour en récolter les fruits. Dans ce cadre, la création de séjours à thèmes peut également s'avérer payante à condition de bien identifier sa cible (voir page 95).

Un accueil de qualité

• Le b.a.-ba de l'accueil

Comme cela a été si souvent souligné par les propriétaires, il est indispensable que les hôtes se sentent attendus. En amont, l'hébergement devra être nettoyé et ventilé entre le départ et l'arrivée de chaque locataire. En hiver, l'endroit sera chauffé en vue de l'arrivée des hôtes.

Lorsque le visiteur entre dans les lieux, le propriétaire doit se montrer attentionné et à l'écoute, la personnalité de chacun fera le reste. Cette première rencontre est essentielle pour échanger des informations pratiques et des bons plans. L'hôte doit se sentir à l'aise et vous savoir disponible, si besoin est, pendant toute la durée de son séjour.

Dans les gîtes et les locations, le propriétaire devra faire visiter les lieux à ses hôtes et leur donner, si nécessaire, des explications spécifiques sur le fonctionnement des équipements. Il peut également les renvoyer vers une documentation constituée sur place : sites touristiques, animations, marchés, agenda culturel, transports à proximité. Enfin, il devra arrêter les modalités de départ de ses locataires. Les occupants d'un gîte sont en général très indépendants ; par conséquent, il n'est pas rare que les propriétaires ne les rencontrent que deux fois, en début et fin de séjour. Cependant, certains hôtes apprécieront que vous leur adressiez un message à mi-séjour pour vous assurer que tout se passe bien…

Dans les chambres d'hôtes, le propriétaire sera davantage sollicité et en contact permanent avec ses hôtes : lors de l'accueil, des petits-déjeuners et éventuellement des dîners en tables d'hôtes. Sa disponibilité va plus loin ; il sera couramment sollicité pour organiser le séjour de ses hôtes à travers la recherche d'activités, d'itinéraires touristiques… La réussite du séjour dépendra donc largement des aptitudes du propriétaire dans cette fonction, de sa personnalité et de ses qualités relationnelles, forcément irréprochables.

• Les petits « plus »

Vos hôtes apprécieront les petites attentions d'usage : une gourmandise locale, des boissons au frais dans les gîtes et les locations, un verre de bienvenue dans les chambres d'hôtes. Un bouquet de fleurs déposé sur la table du salon ou une fleur dans chaque chambre seront également des signes de bienvenue très appréciés. Ces attentions sont accessibles à toutes les bourses et pourront être modulées en fonction du niveau de prestation attendu dans l'hébergement.

En maison d'hôtes, il est également essentiel de soigner le petit-déjeuner en songeant que beaucoup d'entre nous ne prennent plus le temps de s'offrir un vrai petit-déjeuner, à l'ancienne, avec du pain et des viennoiseries tout juste sortis du four et des confitures maison. Ce qui est vrai pour les Français l'est d'autant plus pour les étrangers. Pour eux, tous ces éléments sont synonymes d'accueil à la française : il s'agit donc d'une étape essentielle à la réussite de leur séjour.

LE POINT DE VUE DE L'EXPERT

Ann Cooke-Yarborough, auteur de plusieurs éditions de Alastair Sawday's French Bed and Breakfast, *collection « Special places to stay d'Alastair Sawday's »*,
www.sawdays.co.uk

Vous parcourez la France pour découvrir de nouveaux coups de cœur. Sur quels critères vous basez-vous pour sélectionner vos chambres d'hôtes ?

C'est en réalité très subjectif. Le sens de l'accueil est l'élément le plus important, quel que soit le niveau de confort de la maison d'hôtes. Je ne sélectionnerai jamais un superbe hébergement tenu par une maîtresse de maison qui n'est pas sincèrement ravie de voir ses hôtes franchir le seuil de la porte ! En cela, je m'inscris en faux contre la tendance actuelle à la professionnalisation.

C'est l'attitude qui compte : accueillir chez soi nécessite un vrai sens du contact. En conséquence, au fil des guides, le feeling prend le pas sur des critères trop figés, ce que nous appelons l'approche « cases à cocher ». Il appartient ensuite au lecteur à se reconnaître dans cet esprit ; c'est la singularité des guides Alastair Sawday's. Il faut également que le tarif de la nuitée corresponde au niveau de prestation proposé.

Le vaste réseau anglais de B&Bs a quelque chose que les étrangers nous envient mais semblent incapables d'imiter[1]. Que pensez-vous de ce constat dressé par le* Times *?

Je ne suis pas d'accord. Depuis vingt ans, les Français ont bien saisi l'esprit de la chambre d'hôtes, l'offre en France est aussi diversifiée qu'en Grande-Bretagne. Et puis, les Anglais eux-mêmes ont largement exporté le concept lorsqu'ils sont venus s'installer en France. À mon sens, ils ont également participé à l'émergence de projets plus professionnels, auxquels je n'adhère pas toujours.

Je le répète, l'esprit de départ de la chambre d'hôtes réside dans l'accueil et l'échange chez soi, en ouvrant la porte de sa propre maison, plus que dans un aménagement sophistiqué de dépendances où les hôtes restent séparés de la famille. Pour ouvrir une chambre d'hôtes, il faut avant tout aimer les gens !

1. *The Times*, 12 juin 2008.

2

PAROLES DE PROPRIÉTAIRES

À chaque nouvel hôte, un nouvel accueil

Entretien avec Céline et Jean-Michel Pous, propriétaires d'une maison d'hôtes à Collioure
www.villamiranda.fr

Comment préparez-vous l'accueil de vos hôtes ?

Avant chaque séjour, je repasse dans chaque chambre pour vérifier que tout est parfait (propreté, température de la pièce...) Je me rends disponible pour l'arrivée des hôtes, pas question de bâcler une installation. Il n'y a pas de créneau horaire dédié aux arrivées chez nous, nous demandons aux gens de nous indiquer une heure approximative et j'organise ma journée en fonction. En amont, je planifie l'intendance des petits-déjeuners, en particulier l'achat de fruits frais au marché le mercredi et le dimanche.

Quels sont les gestes accomplis à leur arrivée et pendant le séjour ?

Ils sont multiples. L'accueil est un moment essentiel, il permet de mettre les gens à l'aise. Nous leur faisons visiter la maison, leur donnons des informations pratiques, et surtout nous restons à l'écoute. Pas question de parler pour parler, certains arrivent fatigués, il leur tarde de se poser, d'autres sont avides de tout connaître : les bonnes adresses, les randonnées... Donc l'accueil peut durer 10 comme 50 minutes ! Pendant le séjour, c'est le petit-déjeuner qui est un moment d'échange privilégié pour savoir comment s'est passée la journée précédente, ce qu'ils comptent faire le jour même. Nous les conseillons sur les itinéraires, les lieux à visiter, en fonction de la météo et de leurs envies. Nous avons ensuite fait le choix, dès l'ouverture de notre maison d'hôtes il y a 13 ans, de faire le ménage dans les chambres tous les jours et nous nous y tenons. Le reste de la journée est dédié aux tâches qui demeurent méconnues de nos hôtes : répondre au téléphone, aux e-mails, gérer la blanchisserie, les courses, la préparation des pâtisseries maison pour le petit-déjeuner du lendemain et le ménage : 10 petits-déjeuners complets, ça laisse des traces en cuisine ! Mon mari a un emploi à l'extérieur, mais pour ce qui me concerne, je suis presque tout le temps à la maison et donc disponible pour nos hôtes à tout moment, pour un conseil, un petit mot ou un échange.

Par quels moyens entretenez-vous un relationnel au-delà de la période de séjour ?

Nous ne faisons rien de particulier, cela ne nous correspond pas. Nous avons au fil des années tissé des liens avec nos hôtes, nous sommes ravis de les voir revenir, certains nous envoient dans l'année un petit mot, une photo des enfants, nous savons qu'ils attendent avec impatience leurs vacances ici. Mais de notre côté, nous n'en prenons pas l'initiative. Ceux qui reviennent sont avant tout tombés sous le charme de Collioure et de la maison. Nous nous voyons plutôt comme un point d'ancrage, nos hôtes savent que nous sommes là.

Quels sont vos conseils à l'égard des propriétaires qui se lancent dans l'aventure ?

Ce métier est passionnant, extrêmement enrichissant sur le plan humain mais il demande énormément de travail, de flexibilité, de capacité d'adaptation. Il nous est très souvent arrivé de planifier une sortie avec nos enfants et que cela tombe à l'eau car des hôtes étaient en retard ou arrivaient à l'improviste. Par ailleurs, certaines journées de travail se terminent à 23 heures, et compte tenu du fait que nous habitons une région touristique, nous enchaînons 200 jours de travail d'affilée. Dans ces conditions, il faut savoir se préserver et préserver sa famille. Au final, créer une maison d'hôtes qui ressemble à ses propriétaires est une des clés pour réussir son projet.

• L'accueil de touristes étrangers

En 2018, la France a reçu 87 millions de touristes étrangers. La durée moyenne de séjour est estimée à 6,7 nuitées, soit un peu plus d'une semaine. Les clientèles les plus importantes proviennent de l'Union européenne (Royaume-Uni, Allemagne, Belgique, Luxembourg, Suisse). Enfin, 6,4 millions de touristes asiatiques ont visité la France en 2018, soit une hausse de plus de 7 % par rapport à 2017.

Pour connaître la fréquentation de votre territoire, vous pouvez vous adresser au comité départemental du tourisme et à l'office de tourisme, qui vous indiqueront quelles clientèles viser en priorité dans votre région. Cet effort de promotion devra s'accompagner d'actions de référencement de votre site Web à destination de chaque cible.

En matière d'accueil, ceux qui maîtriseront des langues étrangères disposeront d'un atout indéniable. Pour les autres, pas d'affolement : il est toujours possible de vous appuyer sur une liste de vocabulaire de base afin de répondre aux questions pratiques le temps du séjour, ou de solliciter un proche plus expérimenté afin de vous seconder lors de l'étape de l'accueil. Est-il toujours besoin de mots pour communiquer son plaisir de recevoir ? De petites attentions associées à un ton affable feront le reste.

Si vous souhaitez aller plus loin, vous pouvez vous renseigner auprès de votre comité départemental du tourisme sur les opportunités de formation en langues étrangères offertes aux loueurs. De nombreuses régions ont, en effet, compris l'enjeu d'une professionnalisation et proposent, dans ce cadre, des sessions gratuites de formation.

Un niveau de confort correspondant à la demande touristique

Indubitablement, l'offre tend de plus en plus vers le haut de gamme. Cette exigence, déjà nette chez les touristes étrangers, apparaît maintenant chez les touristes français. Les attentes des consommateurs d'hébergement chez l'habitant ont tendance à devenir plus importantes concernant le confort mais également le respect des normes environnementales.

Une étude publiée par Protourisme en décembre 2007 précisait que « la qualité est le leitmotiv pour tout séjour, y compris pour les foyers aux revenus plus modestes, qui préfèrent partir moins souvent en privilégiant les prestations de qualité »[1].

Dans le même temps, une étude de l'Insee a mis en avant le fait que ce sont les hôtels et campings les mieux classés qui progressent le plus en nombre de nuitées[2].

La montée en gamme des hébergements s'observe donc partout en France, notamment au sein des réseaux. Les Gîtes de France comptabilisent 61,1 % de structures classées en 3 épis et plus en 2014 (dont 55 % en 3 épis), un chiffre qui atteint 79 % pour les chambres d'hôtes. Ces hébergements ont progressé de 3,2 % de 2014 à 2015 (contre + 0,7 % de 2013 à 2014)[3].

Selon l'enquête interne d'un label, à l'été 2013, les hébergements de très bon confort (niveau 3) ont eu un taux d'occupation supérieur de 5 % à la moyenne générale[4].

1. « Les vacanciers optent pour le luxe », *Le Figaro*, 30 janvier 2008.
2. *Insee Première*, n° 1497, avril 2014.
3. Étude sur le poids socio-économique des Gîtes de France / MKG Hospitality pour la Fédération nationale des Gîtes de France / 2014-2015.
4. Bilan fréquentation été 2013 des locations et gîtes Clévacances.

Une offre de séjours diversifiée

Pour optimiser vos périodes de location, il sera nécessaire de dégager des offres de séjours spécialisées (tourisme d'affaires...), différentes (séjours à thème...) ou de vous doter d'équipements permettant d'améliorer l'attractivité de l'hébergement (espace détente...). Ces pistes seront développées dans le chapitre suivant.

C'est cette capacité à vous positionner sur votre marché qui fera la différence.

OPTIMISER SES PÉRIODES DE LOCATION

3

1. CAP SUR L'ÉCOTOURISME

Un contexte favorable

Le secteur des gîtes et chambres d'hôtes est fortement influencé par le souci d'une meilleure prise en compte de l'environnement. Dans une étude d'Harris Interactive pour les sites de Voyages SNCF et du Routard, la tendance partisane pour un tourisme plus responsable se confirme.

Les éléments indiqués dans l'encadré (page 72) démontrent que tous les acteurs du tourisme, en France comme à l'étranger, ont leur rôle à jouer même s'il y a encore du chemin à parcourir pour faire évoluer les mentalités. La multiplication des labels, des démarches vertes et autres déclarations d'intention, de même que l'accroissement des hébergements écoresponsables démontrent que le loueur a sa carte à jouer, tant pour la planète que pour son activité. 34 % des candidats au tourisme responsable sont même prioritairement attirés par les séjours en chambres d'hôtes.

Grâce à l'étude de quelques initiatives qui ont récemment vu le jour dans ce domaine, nous tenterons de démontrer que la démarche est désormais accessible à tous.

LE POINT DE VUE DE L'EXPERT

Entretien avec Pascal Languillon, directeur de **www.voyagespourlaplanete.com**

Comment définir l'écotourisme ?

L'écotourisme est une forme de tourisme responsable dans des espaces naturels, contribuant à la préservation de l'environnement et au bien-être des populations locales. Il se pratique généralement seul ou en groupe restreint, dans de petites structures d'accueil. Il faut bien différencier l'écotourisme, ou le tourisme « responsable », du tourisme vert.

Un petit groupe d'amis qui part en randonnée et se loge dans une maison d'hôtes, c'est du tourisme vert. Ce même groupe, faisant une randonnée dans un parc naturel, accompagné par un guide naturaliste qui les sensibilise aux différentes espèces et à la protection de la nature, c'est de l'écotourisme.

Pratiquer l'écotourisme c'est aussi, tout simplement, se loger dans une structure écologique, que ce soit un hôtel, un gîte, une maison d'hôtes ou un camping. La structure s'engage à préserver son environnement avec le moins d'impacts négatifs possible. Il peut s'agir, par exemple, de réduire sa consommation d'énergie, d'avoir recours aux énergies renouvelables, d'utiliser des produits d'entretien ou d'hygiène écologiques, de proposer une nourriture bio, locale, etc.

Quelles sont les tendances de la demande touristique en matière d'écotourisme ?

À une époque où la conscience écologique semble gagner du terrain, de plus en plus de touristes sont effectivement demandeurs. Toutefois, il faut rester conscient que l'écotourisme est encore loin d'atteindre les chiffres du tourisme de masse. Entre la volonté des touristes de pratiquer l'écotourisme et le passage à l'acte, il y a encore un grand fossé. L'offre existe pourtant et il faut la porter à la connaissance des touristes.

À l'échelle de l'accueil chez l'habitant en France, vers quels organismes ou labels peuvent se tourner les porteurs de projets désireux d'intégrer une démarche environnementale ?

À notre connaissance, à part quelques cabinets de conseil, il n'y a pas en France d'organisme spécialisé dans l'accompagnement de projets intégrant une démarche environnementale. Cependant, pour des aides de financement, les porteurs de projets peuvent s'adresser à l'ADEME (Agence de l'environnement et de la maîtrise d'énergie) ou aux comités régionaux du tourisme qui, selon les régions, ont une politique environnementale plus ou moins avancée.

Quant aux labels, il en existe quelques-uns en France répondant à différents critères. Citons, par exemple, l'Écolabel européen ou la Clef Verte. Il existe aussi des réseaux qui fédèrent les structures d'hébergements « responsables » et qui peuvent fournir un appui, comme les Gîtes Panda, les Écogîtes, etc.

Pensez-vous que l'intégration de cette démarche finira par s'imposer sous la pression des consommateurs ?

Il serait bien que cette démarche s'impose, en effet : il faut que les pouvoirs publics, les entreprises et les consommateurs intègrent l'environnement dans leurs prises de décisions car il y a urgence à préserver notre planète. Tôt ou tard, il sera obligatoire de construire en haute qualité environnementale (HQE). Ceux qui intègrent cette démarche aujourd'hui seront les gagnants de demain.

Repères

Les Français et « le tourisme responsable »

Sondage Harris Interactive pour Voyages-sncf.com et Routard.com dans le cadre des Trophées du tourisme responsable 2012 :

- Plus de 8 Français sur 10 (84 %) déclarent avoir déjà entendu au moins un des termes attachés au tourisme responsable (écotourisme, tourisme responsable, tourisme équitable, tourisme solidaire, tourisme éthique, tourisme durable).
- Près d'un Français sur 5 déclare avoir déjà eu une expérience de tourisme responsable.
- 90 % des Français déclarent d'une manière générale se montrer attentifs au respect de l'environnement et à la vie des populations locales lorsqu'ils partent en voyage, dont 39 % se disent même très attentifs.
- Les personnes âgées de 65 ans et plus indiquent à la fois être plus attentives (94 %, dont 49 % très attentives) et avoir davantage opté pour ce type de séjour (25 %), tout comme les personnes les plus diplômées (respectivement 92 % et 23 %), et les personnes en couple sans enfant (respectivement 92 % et 22 %).
- 64 % jugent qu'il est assez ou très difficile de trouver les informations pour organiser un voyage responsable.

- 71 % des Français imaginent ce voyage responsable idéalement à la campagne.
- Ce sont les résidences écogérées (35 %) et les chambres d'hôtes (34 %) qui attirent le plus les candidats au tourisme responsable, devant les gîtes ruraux (18 %), les bungalows écoconçus, les hébergements insolites, les hôtels et le camping.

Les partenaires spécialisés

• L'Alliance HQE-GBC

www.hqegbc.org

L'Alliance HQE-GBC est l'alliance des professionnels pour un cadre de vie durable. C'est une association reconnue d'utilité publique qui a pour principale mission d'accompagner les acteurs du bâtiment, de l'immobilier, de l'aménagement et des infrastructures dans les transitions, notamment par ses cadres de référence et outils développés par ses partenaires tels que la certification HQE, la formation, etc.

Par les démarches de qualité volontaires qu'elle suscite en France et à l'international, l'Alliance HQE-GBC agit dans l'intérêt général pour transformer les lieux où nous vivons.

La certification HQE vise 4 engagements : le respect de l'environnement, la qualité de vie, la performance économique et le management responsable, en d'autres termes le scope du développement durable et de la RSE. Ces engagements sont eux-mêmes déclinés en 12 objectifs ; chacun est matérialisé par des exigences.

En tant que démarche de progrès, les bâtiments dits « HQE » n'ont cependant pas obligation à répondre à l'ensemble des critères. C'est au maître d'ouvrage de fixer ses priorités au regard du contexte du projet. Généralement, la priorité est donnée à l'énergie-carbone, ce qui permet au maître d'ouvrage de bénéficier des aides de l'ADEME. De plus en plus d'acteurs utilisent également les exigences de confort, santé, etc. pour améliorer la qualité du bâtiment envers leur utilisateur.

Si vous vous engagez dans cette démarche exigeante, vous bénéficierez de l'accompagnement d'un chargé de mission spécialisé au sein de votre CDT, ainsi que d'aides financières provenant de l'ADEME et, éventuellement, de la région, du département ou des collectivités. Ces dernières consistent en un abondement de la subvention accordée aux porteurs de projets d'hébergements touristiques dits « classiques ». Ce dispositif demande de consentir de réels efforts mais permet d'aboutir à des économies d'énergie de l'ordre de 15 % à 60 % et à un positionnement « tourisme durable » de votre hébergement.

- **Sur le territoire des parcs naturels régionaux (PNR)**

  www.parcs-naturels-regionaux.fr

La marque « Valeur Parc naturel régional » – Sur le périmètre spécifique des PNR, les prestataires peuvent opter pour la création d'activités ou de séjours tournés vers l'écotourisme. Dans le cadre d'une convention d'utilisation avec les Parcs, les entreprises bénéficiaires signent leurs produits, services ou savoir-faire avec un logo, propriété du ministère de l'Environnement et du Développement durable.

Ce logo indique que ces produits sont issus d'activités traduisant les trois valeurs des parcs naturels régionaux, à savoir un environnement préservé, une dimension humaine et un fort ancrage territorial. Pour les hébergements, la marque est attribuée aux propriétaires qui souhaitent faire partager ces valeurs à leurs hôtes. Il est autant question de sensibilisation du public à travers la diffusion d'informations tenant au mode de fonctionnement du parc, à son patrimoine (faune, flore, habitat...), aux actions de protection menées sur son périmètre que d'écoconstruction et de gestion durable de l'établissement.

À ce jour, près de 1 000 hébergeurs sont bénéficiaires de la marque.

Les gîtes écologiques – Certains PNR développent des dispositifs spécifiques visant à développer l'écotourisme sur leur périmètre. Le PNR du massif des Bauges propose, par exemple, d'accompagner les propriétaires dans leurs projets d'écoconstruction. Le PNR des Landes de Gascogne a, quant à lui, mis en place une filière de gîtes écologiques visant à permettre une totale intégration de l'hébergement sur le site en recourant notamment aux principes relevant de la qualité environnementale. Le loueur devra également jouer un rôle actif, proche d'une démarche militante, de conseil et de sensibilisation. Ces dispositifs sont épars et obéissent à des critères fluctuants selon les régions. Les intégrer peut être conditionné au classement préfectoral de l'hébergement et à sa labellisation, ainsi qu'à l'existence d'un réel potentiel « écotouristique », en termes d'habitat et de localisation notamment. Pour obtenir les coordonnées d'un parc naturel régional et connaître les démarches proposées sur chaque territoire, consultez le site de la Fédération nationale des PNR.

Les gîtes Panda – Il s'agit d'un hébergement des Gîtes de France (gîte rural, chambre d'hôtes, gîte d'enfants, gîte d'étape et de séjour ou camping à la ferme) auquel le WWF (Fonds mondial pour la nature) a accordé son label sur le territoire spécifique des parcs naturels régionaux. Son obtention est conditionnée au respect de trois conditions: l'hébergement doit être situé dans un environnement naturel de qualité, comporter un équipement d'observation de la nature et des documents d'information spécifiques, être géré par des propriétaires (ou responsables) soucieux de la préservation de l'environnement. Depuis la création du label, en 1993, 198 gîtes et 44 chambres d'hôtes ont été homologués sur le plan national.

• Les démarches accessibles à tous les territoires

La Clef Verte – Créé en 1994 au Danemark, le label Clef Verte / Green Key est aujourd'hui présent dans plus de 3 000 établissements situés dans 58 pays sur les 5 continents. En France, c'est TERAGIR, une association reconnue d'intérêt général, qui développe depuis 1998 ce label de tourisme durable pour les hébergements touristiques et les restaurants. Cette démarche, apparentée à un outil de management environnemental, est totalement volontaire. Réservée dans un premier temps aux campings puis aux hôtels, la Clef Verte s'adresse depuis 2005 aux propriétaires de gîtes et chambres d'hôtes en s'appuyant sur un ensemble de critères définis aux niveaux national et international avec le concours de professionnels du tourisme et de l'environnement.

Pour postuler, le propriétaire doit s'inscrire sur le site Internet **pro.laclefverte.org** et remplir un dossier de candidature qui lui permettra d'évaluer les points forts et les faiblesses de son établissement au regard de 7 familles de critères: la gestion environnementale générale (politique environnementale et responsabilité sociale, formation), la sensibilisation de la clientèle à l'environnement (à travers des affichages signalétiques, des activités et des animations proposées...), la réduction et la valorisation des déchets, la gestion de l'énergie, la gestion de l'eau, les achats responsables (alimentaire, produits d'entretien...), le cadre de vie (environnement intérieur, espaces verts...).

Très complet, ce dossier fourmille d'informations et de conseils pratiques et constitue à lui seul un accompagnement. L'équipe Clef Verte peut également être contactée par e-mail ou téléphone pour répondre aux interrogations du propriétaire. Le candidat à la labellisation recevra ensuite la visite d'un auditeur conseil, salarié de l'association, qui évaluera sa démarche et lui donnera des recommandations sur les points à améliorer. Le label sera accordé ou pas par un jury national composé de partenaires et d'institutionnels (FNHPA, UMIH, SNRT…), de consommateurs et de spécialistes de l'environnement (Acteurs du Tourisme Durable…).

La labellisation est accordée pour une durée d'un an renouvelable et ouvre droit à l'utilisation du logo Clef Verte. Un diplôme et un panneau signalétique sont remis au propriétaire, ainsi qu'un ensemble d'outils de communication. Les gîtes et chambres d'hôtes labellisés Clef Verte en France sont en 2018 au nombre de 102 et présentés sur le site **www.laclefverte.org**

PAROLES DE LOUEUR

Un parti pris écologique placé au cœur de la gestion quotidienne

Entretien avec Margareta Avermaete,
propriétaire d'une maison d'hôtes écologique dans l'Hérault,
www.le-cadran-solaire.fr

Qu'est-ce qui vous a amenée à la création d'un hébergement écologique ?

Une sensibilité et la conviction que l'habitat doit évoluer, y compris lorsqu'il est destiné à des touristes. Lorsque j'ai décidé de construire un hébergement pour y abriter mon activité, j'ai eu d'emblée la volonté de l'orienter vers une approche écologique. À l'époque, je suis allée au-devant de la réglementation existante, sur le plan thermique notamment. Depuis, et c'est heureux, le contexte a beaucoup évolué et il facilite le travail des porteurs de projets. Lorsque j'ai ouvert mes chambres d'hôtes il y a six ans, il n'existait cependant pas de labels spécialisés en dehors du périmètre des parcs naturels régionaux. Afin que ma démarche éco-environnementale soit reconnue, je me suis donc adressée à la Clef Verte, qui a labellisé à ce moment, et pour la première fois, ce type d'hébergement.

Quels sont les grands principes qui vous ont guidée ?

Je me suis beaucoup investie afin d'optimiser la gestion énergétique. J'ai, par exemple, fait le choix de panneaux solaires et je m'équipe actuellement de lampes à diodes, ou LED. En 2007, j'ai enregistré une consommation de près de 11 000 kWh pour le chauffage et l'eau chaude, soit 45 kWh/m^2/an, besoins couverts à 85 % par des ressources en énergie solaire complétées par un petit appoint en gaz propane. J'ai donc recours à l'énergie fossile (appoint gaz propane) dans la limite de 6,41 kWh/m^2/an, dont seulement 2,25 kWh/m^2/an pour le chauffage. Cette économie est plus performante que la classe A du diagnostic de performance énergétique (DPE) plafonnée à 50 kWh/m^2 et résulte des apports solaires passifs d'une maison dont la façade principale est exposée plein sud et intégrant certaines caractéristiques bioclimatiques dans sa conception globale.

Je place au cœur de ma gestion quotidienne ce parti pris écologique, où chaque détail a son importance. Je n'arrose pas mon jardin et je me contente des plantes qui se sentent bien chez moi. Mes hôtes ne viennent pas ici pour se régaler de choses tape-à-l'œil, la maison d'hôtes est, avant tout, un vrai lieu de convivialité et la démarche doit être cohérente dans son ensemble. C'est une des clés pour rentabiliser un projet qui n'est pas forcément plus onéreux qu'un hébergement conventionnel.
En ce qui me concerne, j'ai touché des subventions provenant de l'ADEME et de l'Union européenne correspondant à moins de 10 % du coût total de l'investissement. Il faut cependant préciser que ces équipements sont rentabilisés par les économies d'énergie réalisées.

Cette approche vous permet-elle de glaner une clientèle supplémentaire ?

Je ne le pense pas, mais il est certain que beaucoup choisissent mes chambres d'hôtes pour la démarche que je propose. Ils font preuve de beaucoup de curiosité et sont en général des amoureux de la nature, parfois des militants. Ma clientèle allemande, historiquement en avance dans ce domaine, est la plus enthousiaste.
En France, sous l'impulsion d'une politique plus volontariste de protection de l'environnement, une réelle prise de conscience est apparue ces dernières années. Il manque à tous les propriétaires qui, comme moi, ont fait le choix de l'écotourisme des moyens de promotion spécifiques afin d'aller à la rencontre de notre clientèle. Nous devrons déployer, à l'avenir, plus de moyens pour communiquer collectivement.

Les Écogîtes – En 2006, les Gîtes de France ont complété leur offre d'écotourisme par la création d'hébergements plus respectueux de l'environnement. Ceux-ci doivent respecter un certain nombre de critères tenant aux économies d'énergie, à l'utilisation d'énergies renouvelables (bois, solaire…), à une meilleure gestion des ressources en eau, au tri sélectif, à la gestion des déchets, à l'intégration du site et à l'utilisation de matériaux locaux et sains. À ce jour, 77 chambres d'hôtes et 352 locations sont labellisées Écogîtes.

Vers une gestion environnementale de son hébergement

Réflexes d'achat, gestes utiles, équipements : les propriétaires qui le souhaitent peuvent intégrer quelques principes de gestion environnementale. Bons pour la planète, valorisant pour le loueur et pour ses hôtes, certains de ces aménagements sont accessibles à tous. Ils demandent souvent un investissement de départ supplémentaire, mais permettent de réaliser de substantielles économies d'énergie.

Exemplaire en la matière, l'**Écolabel européen** est délivré par l'Afnor Certification suite à l'examen de quatre familles de critères :

- une consommation d'énergie et d'eau limitée ;
- une production réduite de déchets ;
- l'utilisation des ressources renouvelables et de substances moins nocives pour l'environnement ;
- la mise en œuvre d'actions de communication et d'éducation à l'environnement.

Depuis 2009, l'Écolabel est plus strict : 50 % d'électricité renouvelable, contre 22 % avant ; 80 % d'ampoules basse consommation, contre 60 % avant ; certains critères optionnels sont par ailleurs devenus obligatoires.

En 2017, 330 établissements détenaient l'Écolabel européen : 80 % pour les « Services d'hébergement touristique » et 20 % pour les « Services de camping ». Si la démarche progresse lentement, c'est qu'elle est très rigoureuse, et la petite fleur de l'Écolabel européen présente en plus l'avantage d'être bien identifiée par les consommateurs.

Dans la même logique, certains labels ont mis en place des chartes qualité dédiées qui tendent à valoriser les efforts des loueurs (réduction de l'impact de l'hébergement sur l'environnement, mesures d'économie d'énergie, tri des déchets, ou encore utilisation de produits et matériaux sains et recyclables). La démarche est cependant accessible à tous (voir Comportements économes, page 80) et pour impliquer vos locataires dans la démarche, n'hésitez pas à rappeler quelques gestes utiles dans un cahier laissé à leur disposition, dans le tiroir de la cuisine, par exemple.

	COMPORTEMENTS ÉCONOMES
	Participez au « Défi Familles à énergie positive », une opération nationale dédiée aux comportements économes : **http://www.familles-a-energie-positive.fr/**
Chauffage	• Je régule la température au moyen du **thermostat d'ambiance** (situé au centre de mon logement) et des **robinets thermostatiques** (situés sur mes radiateurs). Le jour, lorsque je suis là : 19 à 20 °C. La nuit et lorsque je suis absent durant plusieurs heures, voire la journée : 16 à 17 °C. Enfin, lorsque je pars en vacances : 8 °C, soit hors gel. *Si j'augmente de 1 °C la température de consigne, alors ma consommation (ma facture) augmente de + 7 % dans un logement ancien et +15 % dans un logement neuf.* • Je ferme les volets et les rideaux dès que la nuit tombe. • Pour que mes radiateurs diffusent bien la chaleur, je ne mets ni meubles, ni rideaux, ni linge à sécher devant ou dessus et je les dépoussière. • Si mes murs ne sont pas isolés, je glisse derrière mes radiateurs un panneau recouvert de papier d'aluminium. Ainsi, la chaleur émise par les radiateurs est réfléchie dans ma pièce, et non dissipée dans le mur. • Je n'utilise pas de poêle à pétrole car, en plus du risque d'intoxication, je dépense beaucoup plus d'argent.
Ventilation/Aération Qualité de l'air intérieur	*Principe de la* ***ventilation*** *(naturelle ou mécanique) : l'air neuf entre dans les « pièces sèches » (salon, chambre, bureau) et l'air vicié est évacué dans les « pièces humides » (cuisine, salle de bains, WC). Les entrées d'air sont généralement situées sur les menuiseries, et les bouches d'extraction de l'air sont localisées sur les murs ou le plafond.* • Je ne bouche surtout pas les entrées et les sorties d'air (ventilation) ! Et je les nettoie régulièrement avec un chiffon sec ou un aspirateur. • J'aère 10 minutes par jour, même en hiver, en ayant au préalable réduit le chauffage. • Je limite à la source les différents polluants : je fume à l'extérieur, je choisis des produits ménagers, de bricolage et un mobilier qui comportent le moins de produits toxiques. Pour cela, je me fie aux labels environnementaux et à l'étiquette émission, en optant idéalement pour A+.
Eau Eau chaude sanitaire	• Je repère les **fuites** ! Je note le soir puis le matin au réveil les chiffres indiqués sur le compteur d'eau. Si je n'ai pas les mêmes chiffres, la preuve est faite : j'ai une fuite d'eau ! • Je répare… Je change les joints défectueux, je resserre l'écrou des robinets et je repositionne le flotteur de la chasse d'eau qui s'est déplacé avec l'aide des fiches bricolages téléchargées sur **www.jeconomiseleau.org** • Je coupe le robinet d'alimentation d'eau lorsque je m'absente plusieurs jours afin de prévenir les éventuelles fuites.

	COMPORTEMENTS ÉCONOMES
Eau (suite)	• Deux fois par an, je retire le calcaire qui s'est déposé sur les « mousseurs »/« aérateurs » des robinets et sur le « réducteur de débit » sur le flexible de douche. J'utilise simplement du vinaigre blanc, l'anticalcaire le plus basique et éonomique. • Je positionne le mitigeur sur la position eau froide pour me laver les dents ou les mains. • Je rince la vaisselle dans le bac de l'évier plein plutôt que sous le robinet ouvert. • Je ne laisse pas l'eau couler en continue lorsque je me lave les dents ou les mains. • Je demande à mon artisan de régler l'eau chaude à la bonne température, soit 50 °C à 55 °C. • Je préfère la douche au bain, qui consomme 4 fois moins d'eau, du moins si je n'y reste pas trop longtemps ! 5 à 10 minutes, au maximum ! • Si j'ai des WC standards, je réduis le volume d'eau stockée dans le réservoir en y mettant une bouteille remplie d'eau (et non une brique, qui va se désagréger et abîmer l'installation). • Je choisis des machines à laver économes en eau à l'aide de l'étiquette « énergie » (voir la rubrique suivante).
« Électricité spécifique » Électroménager - Éclairage - Multimédia - Informatique - Bureautique	• Au moment de faire l'acquisition d'un appareil, je me fie à des critères de performance et/ou de respect de l'environnement : l'**étiquette « énergie »** allant jusqu'à A+++ sur laquelle il y a un grand nombre d'informations, le label « Energy Star » pour les ordinateurs et les **labels environnementaux**, notamment l'écolabel européen pour les téléviseurs, ordinateurs et ampoules. Le site Internet Topten classe les appareils les plus performants et indique le coût moyen à l'achat et à l'usage (**http://guidetopten.com**). • Je fais la chasse aux **veilles**. Je débranche mon appareil ou j'éteins l'interrupteur sur la multiprise où est branché mon appareil. *La consommation moyenne des veilles est comprise entre 300 kWh à 500 kWh/ménage/an, soit environ 70 €. Le fait de couper l'alimentation électrique met l'appareil hors tension, ce qui prolonge sa durée de vie.* • Je ne jette pas mes équipements électriques en fin de vie à la poubelle, comme me l'indique le logo. En effet, les **DEEE** (Déchets Équipement Électriques et Électronique) doivent êtres recyclés afin de préserver l'environnement. La collecte et le dépôt sont gratuits ! Je m'adresse aux magasins qui les vendent, aux déchetteries ou encore à ma commune. **Réfrigérateur et/ou congélateur** • J'adapte son volume à mon besoin. Réfrigérateur : 100 litres/personne + 50 litres/personne en plus. Congélateur : 70 litres/personne + idem. • Si je choisis un « duo » qui allie réfrigérateur et congélateur, la présence de deux compresseurs indépendants est préférable car je peux mieux régler la température propre à chacun et je peux également les dégivrer indépendamment l'un de l'autre.

	COMPORTEMENTS ÉCONOMES
« Électricité spécifique » (suite)	• Je choisis un réfrigérateur sans froid ventilé (« no frost »). Un dispositif qui évite le dégivrage mais qui consomme 30 % d'énergie en plus. • Je le positionne loin d'une source chaude : four, radiateur, ensoleillement direct. • La grille noire située à l'arrière de l'appareil doit être située à 10 cm du mur afin que la chaleur restituée soit correctement évacuée, sinon mon appareil consommera plus d'énergie (30 % à 50 % en plus). Je dépoussière cette grille deux fois par an pour la même raison. • Je règle à la bonne température : + 5 °C dans un réfrigérateur et - 18 °C dans le congélateur. 1 °C en moins consomme 5 % en plus ! • Je dégivre autant de fois qu'il est nécessaire car le givre induit une surconsommation de 30 %, voire 50 %, avec respectivement de 2 ou 3 mm et plus de 5 mm de givre. • Je change le joint lorsqu'il n'assure plus son rôle d'étanchéité. Un joint défectueux induit une surconsommation de +10 % ! Test : j'ouvre la porte de mon réfrigérateur puis je la ferme en y coinçant une feuille de papier. Si je parviens à la retirer sans la déchirer c'est que le joint n'est plus étanche ! • Je réduis le temps d'ouverture de la porte pour ne pas réchauffer l'intérieur et éviter au moteur de « refabriquer » du froid. • Je dépose des aliments froids. • Je décongèle mes aliments la veille de leur préparation, dans la partie haute de mon réfrigérateur, qui est la plus froide. • Je veille à ne pas surcharger mon réfrigérateur car le froid circulera moins bien entre les aliments, qui risquent, qui plus est, de s'abîmer. • À l'inverse, je veille à ce que mon congélateur soit toujours plein. S'il est vide, j'y dépose des bouteilles d'eau au ¾ pleines. **Machine à laver** • J'adapte son volume à mon besoin. Le nombre de kg est indiqué sur l'étiquette « énergie ». • Si un sèche-linge est indispensable, j'opte pour la technologie « à condensation » (l'humidité se condense, l'eau ainsi formée est évacuée), et non la technologie « à évacuation ». • Je fais tourner une machine bien pleine plutôt que deux à moitié pleines. • Je lave le linge sans prélavage, avec un cycle court et à basse température, soit 30 °C (consomme 3 fois moins d'énergie qu'à 90 °C). • Je sèche le linge à l'air libre (si possible) ! • Je lave la vaisselle avec le programme « éco » ou à 50 °C. • J'utilise à chaque lavage un anticalcaire. Le vinaigre blanc basique et économique remplit très bien ce rôle ! Le dépôt de calcaire sur la résistance électrique double le temps nécessaire pour chauffer l'eau.

	COMPORTEMENTS ÉCONOMES
« Électricité spécifique » (suite)	**Éclairage** • J'utilise au mieux la lumière naturelle, par exemple en mettant mon bureau à proximité de la fenêtre. • Je favorise la diffusion et la réflexion de la lumière (naturelle et artificielle) avec des murs de couleurs claires et des jeux de miroirs. • Je favorise la diffusion des ampoules avec des abats-jours de couleurs claires et un dépoussiérage régulier. • J'ai plusieurs lampes avec une quantité de lumière adaptée à mon besoin, au lieu d'une seule : j'adopte la lumen-attitude ! Le nombre de lumens est indiqué sur l'étiquette « énergie » de l'ampoule. 50 à 100 lumens : une lumière d'appoint pour regarder la télévision ; 100 à 200 lumens : jouer, manger ou se déplacer dans un escalier, un couloir ; 300 à 500 lumens : cuisiner, lire et écrire et 1 000 lumens : tâches de précision : coudre, souder, etc. • J'éteins en sortant de la pièce. **Multimédia, informatique et bureautique** • Je privilégie les technologies les plus économes. Exemple, pour la télévision : un LCD est deux fois plus économe qu'un plasma. • Plus grande est la taille de mon écran (télévision ou ordinateur), plus grande sera ma consommation ! • Je choisis des appareils multifonctions. Exemple : une imprimante qui scanne, faxe et photocopie consomme deux fois moins d'énergie que l'utilisation séparée d'un scanner, d'un fax et d'une photocopieuse. • Ordinateur et téléphone : je ne dépasse pas le temps de charge de mes batteries et je retire ensuite le chargeur de la prise électrique. Ordinateur : je vérifie que la programmation des différentes veilles est bien active (dans « configuration de système », je regarde les propriétés d'affichage) et je l'éteins si je ne l'utilise plus dans le quart d'heure qui vient (sauf si mon appareil à plus de 10 ans).
Cuisson	• J'adapte la taille de mon récipient à la taille de la plaque de cuisson afin de limiter les pertes de chaleur. • J'ajuste la quantité d'eau à la quantité d'aliments et je mets un couvercle pour limiter le temps de cuisson (2 fois plus rapide). • Je ne fais pas bouillir l'eau à gros bouillons car cela ne diminue pas pour autant le temps de cuisson et je dépense plus d'énergie. • Je change le joint de mon four lorsqu'il est usé, sinon il y a beaucoup de pertes de chaleur. • Je programme la pyrolyse de mon four électrique juste après l'avoir utilisé pour valoriser la chaleur restante. • Si ma plaque de cuisson est électrique, j'utilise des casseroles dont le fond est plat, propre et sec pour que la chaleur soit bien transmise.

	COMPORTEMENTS ÉCONOMES
Confort d'éte	• Je réduis les apports de chaleurs internes : j'applique le maximum de conseils relatifs à l'électricité spécifique (toute consommation d'électricité dégage de la chaleur) et je limite le temps de cuisson.aJ'évacue la nuit et/ou au petit matin la chaleur contenue dans mon logement en ouvrant les fenêtres. En début de matinée, quand la température extérieure commence à monter, je ferme les volets et les fenêtres.

Source : L'Espace Info Énergie Toulouse Métropole **http://infoenergie-toulousemetropole.fr/**
Plus d'infos :

- Contactez votre Conseiller sur le site public FAIRE (Faciliter, Accompagner et Informer pour la Rénovation Énergétique) : 0 808 800 700 **www.faire.fr**
- ADEME : **http://www.ademe.fr/particuliers-eco-citoyens**

Les financements spécifiques

• Les aides de l'État réservées aux propriétaires occupants

Il s'agit principalement de crédits d'impôt, comme le crédit d'impôt pour la transition énergétique (CITE), dont sont exclus les propriétaires bailleurs. Seuls les propriétaires occupants, donc les propriétaires de chambres d'hôtes, peuvent en principe en bénéficier sans condition de ressources. Le CITE permet de déduire de ses impôts 30 % des dépenses d'équipement et/ou de main-d'œuvre qui portent sur près de 10 travaux de rénovation énergétique.

Autre dispositif, l'éco-prêt à taux zéro (éco-PTZ) porte sur la réalisation de « bouquets de travaux » et ne concerne que les propriétaires de logements construits avant 1990 et occupés comme résidence principale.

Le dispositif permet de bénéficier d'un prêt sans intérêt d'un montant maximal de 30 000 € pour réaliser des travaux d'éco-rénovation (un bouquet de travaux énergétiques, des travaux de réhabilitation d'un système d'assainissement non collectif ou des travaux permettant d'atteindre une performance énergétique globale minimale).

Depuis 2017, il est possible de cumuler les deux dispositifs sans condition de ressources.

Attention ! Les travaux doivent être réalisés par des professionnels labellisés RGE (Reconnu garant de l'environnement). Par ailleurs, en raison de la notion de résidence principale, l'espace consacré à l'activité d'accueil sera en principe exclu des aides de l'État.

3

- **Un taux de TVA intermédiaire (10 %) et un taux réduit (5,5 %)**

Le taux intermédiaire de 10 % s'applique aux travaux réalisés sur des locaux d'habitation achevés depuis plus de deux ans et sur leurs dépendances (cave, garage, loggias, etc.), qu'il s'agisse d'une maison individuelle ou d'un appartement, d'une résidence principale ou secondaire. Il porte sur les travaux d'amélioration, de transformation, d'aménagement ou d'entretien, mais il exclut les travaux importants qui constituent plus qu'une simple rénovation (par exemple, la surélévation d'un bâtiment, l'addition d'une construction ou la remise à l'état neuf de plus de la moitié du gros œuvre…).

Le taux réduit de 5,5 % s'applique aux travaux de rénovation ou amélioration énergétique (chaudière à condensation, pompe à chaleur, isolation thermique, appareil de régulation de chauffage ou de production d'énergie renouvelable, etc.) et aux travaux induits, indissociables des travaux d'efficacité énergétique (déplacement de radiateurs…).

En cas de locaux mixtes, c'est-à-dire utilisés à la fois pour l'habitation et pour une activité professionnelle – comme les maisons d'hôtes –, l'ensemble des travaux réalisés bénéficie du taux réduit quand plus de la moitié de la surface est affectée à l'habitation. Si cette condition n'est pas respectée, seuls les travaux portant sur les surfaces d'habitation restent soumis au taux réduit.

- **D'autres sources de financement**

Vous pouvez vous adresser à l'ANAH (Agence nationale pour l'amélioration de l'habitat), qui subventionne des travaux de diverses natures selon une grille de critères spécifiques.

Les fournisseurs d'énergie comme EDF, ENGIE, les associations EcoFioul et Finagaz ou votre régie locale peuvent également vous proposer des primes ou des prêts pour l'installation d'équipements permettant des économies d'énergie ou mettant en œuvre des énergies renouvelables.

Vous pouvez également vous rapprocher de votre conseil régional et de votre conseil général pour envisager d'éventuels dispositifs locaux vous permettant d'associer location et gestion environnementale. Ne négligez pas, à ce sujet, les appels à projet locaux, qui peuvent vous permettre d'obtenir le financement d'équipements particuliers ou d'une démarche globale.

Pour aller plus loin sur ce thème, consultez le site de l'ADEME, **www.ademe.fr**. Vous aurez accès au téléchargement de nombreux guides spécifiques qui pourront vous être utiles autant qu'à vos hôtes.

L'actualité de l'éco-construction est très riche. Aussi, nous vous conseillons de vous rapprocher de votre espace Info-énergie afin de faire un point sur les dispositifs et les financements disponibles. Vous trouverez les coordonnées des 160 espaces Info-énergie sur le site de l'ADEME.

2. LE TOURISME DE SANTÉ ET DE BIEN-ÊTRE

Entre santé et bien-être

La France compte 107 stations thermales conventionnées par le ministère de la Santé qui accueillent 550 000 curistes chaque année. En 2003, les gîtes et les locations ont accueilli 64 % des curistes, ce qui représente 5,5 millions de nuitées[1]. Le nombre des propriétaires de gîtes et de locations situés dans des stations thermales est estimé à 13 500 ; chacun d'eux dégagerait un chiffre d'affaires de 15 000 € par an, une estimation deux à trois fois supérieure à la moyenne nationale. L'explication tient notamment au fait que certains propriétaires s'installent en tant que loueurs de meublés professionnels et proposent plusieurs hébergements.

Aujourd'hui, le thermalisme représente encore une part significative de l'activité économique locale, avec 45 % des nuitées. Cependant, la plupart des stations s'engagent dans une diversification de leur activité. Pour faire face à une baisse de fréquentation, elles exploitent la ressource en eau en s'orientant vers un tourisme de bien-être tourné vers la remise en forme et le thermoludisme. À la cure traditionnelle de 18 jours s'ajoutent désormais des séjours de remise en forme ou de tourisme vert. Cette évolution a pour objectif d'attirer une clientèle nouvelle, tout au long de l'année.

1. « Impact des politiques territoriales sur le secteur thermal en France », Détente Consultants, 2005.

3

Les équipements pour le bien-être en 6 mots clés

Tendance – Le tourisme de bien-être est à la mode et les équipements qui lui sont dédiés se sont largement démocratisés. Ils répondent à une véritable demande, qui s'est développée en premier lieu en milieu urbain.

En toute saison – Le principal avantage des équipements « bien-être » réside dans le fait qu'ils peuvent être utilisés tout au long de l'année, à l'inverse de la piscine notamment. L'attrait d'une eau à 37° peut inciter certains touristes à choisir un hébergement plutôt qu'un autre.

Spa – Venus tout droit des États-Unis, les spas se sont multipliés dans les foyers français depuis 5 ans. Ils sont souvent désignés sous le nom de « jacuzzi », mais il s'agit en réalité d'une marque déposée. Leur prix peut aller de 5 000 € à 15 000 €. Si vous ne disposez pas de suffisamment de place à l'intérieur de votre hébergement, sachez que les constructeurs proposent également des abris extérieurs, désignés sous le vocable de « gazebos », ou pavillons de jardin, permettant d'abriter l'équipement.

Hammam – Il s'agit de cabines ou d'espaces où l'on peut prendre des bains de vapeurs. Ces équipements sont accessibles à partir de 3 000 € environ (modèle personnel) et jusqu'à 15 000 € et plus (modèle commercial).

Sauna – Il allie une forte chaleur à une très grande humidité. Son prix varie de 1 500 € (modèle personnel) à 7 000 € (modèle commercial).

Ce n'est pas cela mais cela y ressemble ! – Les équipements de détente les plus accessibles sont les douches à jet, les baignoires à jets, les matelas qui se posent au fond de n'importe quelle baignoire classique et dont la télécommande règle la puissance des jets qui l'équipent. Ce type d'équipement est accessible à partir de 900 €. Ils sont moins attractifs que les équipements cités ci-avant, mais ils constitueront tout de même des atouts permettant à votre hébergement de monter en gamme.

3. LE TOURISME INSOLITE

Apparus depuis quelques années, les hébergements insolites ont le vent en poupe ! Roulottes dans l'Allier, yourtes dans les Hautes-Pyrénées, gîtes troglodytes en Touraine, maison dans les arbres en Vendée, péniche dans le Nord, gîte flottant en Aveyron : les possibilités d'escapades insolites sont multiples.

En permettant un vrai dépaysement, ces types d'hébergements sont particulièrement adaptés aux courts séjours tout au long de l'année. Du côté des propriétaires, il s'agit de proposer une offre de séjours alternative qui peut venir en complément d'hébergements plus traditionnels. Le caractère insolite de l'hébergement n'exclut pas qu'il soit de qualité ; il est cependant évident que ceux qui choisissent de faire l'expérience d'une nuit en roulotte ou en yourte ne recherchent pas le même confort qu'en hébergement conventionnel. Pour concilier insolite et qualité, les principaux labels ont adapté leur grille de labellisation aux spécificités de cette catégorie d'habitats, dont la construction peut également s'envisager en dehors de toute démarche labellisée.

Notez que ces hébergements font l'objet de toutes les attentions en matière de sécurité. Ainsi, au regard de la réglementation applicable[1] en matière de camping, les yourtes, ou tipis, peuvent être assimilées à des tentes si elles sont non équipées, et à des habitations légères de loisirs (HLL) si elles comportent des équipements intérieurs, tels que des blocs cuisine ou sanitaires.

Dans un cas comme dans l'autre, ces hébergements sont strictement réglementés par le Code de l'urbanisme. Les tentes peuvent être installées soit dans les terrains de camping aménagés, soit sur parcelle individuelle avec l'accord de celui qui a la jouissance du terrain, dans les conditions prévues par les articles R. 111-41 et suivants du Code de l'urbanisme. Les HLL peuvent être implantées dans les terrains de campings, les parcs résidentiels de loisirs, certains villages de vacances ou encore dans certaines dépendances des maisons familiales de vacances. Les cabanes dans les arbres sont aussi éligibles au régime juridique des HLL.

En dehors des emplacements susmentionnés, leur implantation est soumise au droit commun des constructions, c'est-à-dire qu'elle nécessite pour leur implantation une déclaration préalable si la SHOB est inférieure à 20 m^2, et un permis de construire si la SHOB est supérieure à 20 m^2.

Dans tous les cas, il est impératif de prendre contact avec sa municipalité pour s'assurer de la conformité du projet au Plan local d'urbanisme ou Plan d'occupation des sols.

1. Source : *La Gazette officielle du tourisme*, Réponse ministérielle, Sénat, 14 mai 2009.

3

4. L'ACCUEIL DES PERSONNES HANDICAPÉES ET LE LABEL TOURISME & HANDICAP

Les personnes handicapées et les vacances

L'Union européenne compte plus de 37 millions de personnes handicapées. En France, plus de 30 % de la population souffre d'une déficience motrice, mentale ou sensorielle. 20 % d'entre elles souhaiteraient partir plus souvent en vacances, selon l'association Tourisme & Handicaps.

La demande insatisfaite se monterait à plus de 293 millions de nuitées. Afin de vérifier la validité d'un tel projet, il est préférable de réaliser une étude de marché et de mener des actions de communication auprès de la cible.

La marque Tourisme & Handicap

L'association Tourisme & Handicaps, **www.tourisme-handicaps.org**, dédie son action à la prise en compte de l'accès aux loisirs et aux vacances des personnes en situation de handicap. La marque Tourisme & Handicap s'adresse à tous les loueurs qui souhaitent se spécialiser dans l'accueil de personnes présentant un handicap, qu'il soit auditif, mental, moteur ou visuel.

La marque va être attribuée par des missions locales T&H, en cours de constitution.

Pour ce faire :

- le loueur prend contact avec un délégué régional ou départemental Tourisme & Handicaps, dont les coordonnées sont accessibles sur le site national de l'association ;
- un questionnaire d'autoévaluation permet de mesurer le niveau d'accessibilité de l'hébergement pour les différents types de handicaps. Ce questionnaire décrit quelques critères de base d'accessibilité et d'accueil, essentiels et nécessaires à l'autonomie des personnes handicapées, et ce, dans chaque domaine de handicap ;
- en cas d'autoévaluation défavorable, le loueur peut s'engager dans une démarche d'adaptation de son équipement. Lorsqu'elle est positive, il reçoit la visite de deux évaluateurs chargés de recenser, à l'aide du cahier des charges et de la grille d'évaluation spécifiques à la structure, les aménagements déjà

réalisés ou à entreprendre pour un ou plusieurs types de handicaps (voir guides sur le site de l'association) ;

- à l'échelon régional, une commission examine le rapport des évaluateurs et attribue ou non la marque ;
- si l'avis est favorable au niveau régional, le dossier est adressé à l'association Tourisme et Handicaps qui, lors de la prochaine réunion de la commission nationale d'attribution, étudie le dossier pour attribution du label.

La marque est accordée pour deux, trois ou quatre des familles de handicaps (auditif, mental, moteur et visuel), et ce, pour une durée maximale de cinq ans renouvelables. L'hébergement est ensuite répertorié sur le site des Marques nationales du tourisme (**www.tourisme-handicap.gouv.fr**).

La labellisation peut également ouvrir droit à une aide financière spécifique en fonction des politiques plus ou moins volontaristes mises en place aux échelons régional et départemental. Les subventions sont conditionnées, d'une part au type de structure concernée, d'autre part à la catégorie d'aménagement prévu. À ce jour, la marque compte plus de 2 200 gîtes et près de 550 chambres d'hôtes labellisés.

5. LE TOURISME D'AFFAIRES

Un marché à fort potentiel

Le marché français du voyage d'affaires représente 25 % du chiffre d'affaires de la totalité des activités touristiques. Ce chiffre englobe l'ensemble des prestations, principalement celles proposées par les centres de congrès et les hôtels. En matière d'hébergement, cependant, il tient également compte de la part réalisée par les exploitants de gîtes et de chambres d'hôtes, avec une clientèle individuelle composée de commerciaux, de consultants ou, encore, de personnel vacataire.

Les conditions requises

La majorité des propriétaires qui développent une offre spécifique d'accueil des professionnels sont situés en région parisienne, en milieu urbain ou périurbain. Ainsi, dans le département des Yvelines, 65 % de la clientèle des gîtes et chambres d'hôtes sont des professionnels. Dans un premier temps, ils se sont majoritairement dirigés vers les chambres d'hôtes pour leur accueil personnalisé. Elles représentent encore une alternative à l'hôtel pour la majorité des professionnels itinérants. Cependant, l'accueil se développe également en gîtes et en locations pour des séjours de courte et moyenne durée.

Ce mode d'hébergement s'avère plus économique pour l'entreprise et peut s'intégrer dans une stratégie de management. La province et les zones rurales ne sont pas exclues de ce marché; il sera cependant plus difficile d'y réunir toutes les conditions qui font le succès d'un hébergement habilité à recevoir une clientèle d'affaires.

Condition n° 1 – L'hébergement doit être accessible, proche d'axes routiers majeurs, d'infrastructures de transport (aéroport, gare…) et des transports en commun.

Condition n° 2 – La clientèle d'affaires a un niveau d'exigence supérieur à la clientèle d'agrément. Habituée à des prestations hôtelières, elle sera vigilante sur le niveau de confort et sur les soins accordés à la décoration de l'hébergement.

Condition n° 3 – Dans le même ordre d'idée, le propriétaire devra s'adapter aux spécificités de l'accueil d'une clientèle professionnelle. Il demande une réelle souplesse dans les horaires, les arrivées sont parfois tardives et les départs très matinaux. Pour offrir la prestation du petit-déjeuner, il faut donc s'attendre à consentir quelques efforts sur l'heure de son lever. De même, il n'est pas rare que cette clientèle sollicite des services spécifiques: il peut s'agir de faire quelques courses pour déposer la personne à la gare la plus proche ou encore de prendre en charge les réservations de taxis ou de restaurants.

Condition n° 4 – Le propriétaire doit proposer des équipements ou des services spécifiques (imprimante, accès Internet illimité…).

Condition n° 5 – Idéalement, la clientèle d'affaires apprécie une prestation incluant la restauration, à l'image des soirées étape proposées par les hôteliers. Certains apprécieront particulièrement de s'asseoir à la table familiale, notamment des commerciaux en déplacement ravis de rompre, pour un soir, la solitude de leur dîner. Si la marge de progression sur ce segment est bien réelle, il peut être intéressant de compléter sa prestation par l'ouverture d'une table d'hôtes, prestation quasi obligatoire en zone rurale. Un rapide calcul permettra d'évaluer le niveau de rentabilité de l'investissement. Le réalisme sera, une nouvelle fois, de mise pour valider cette hypothèse somme toute coûteuse. Rappelons, en effet, que cette activité répond à une réglementation très stricte dont le respect est contrôlé par les services vétérinaires et la Direction départementale de la concurrence, de la consommation et de la répression des fraudes (DDCCRF). En l'absence de restauration à domicile, pourquoi ne pas envisager d'avoir recours ponctuellement et sur demande à un traiteur ? Ce dernier peut également être un restaurateur des environs et devra, dans tous les cas, être « autorisé » (CE ou par dérogation obtenue auprès de la Direction des services vétérinaires). Il conviendra alors de respecter la « chaîne du chaud » ou la « chaîne du froid » selon que les plats sont livrés en liaison chaude (repas maintenus et servis chauds par le propriétaire) ou en liaison froide (repas maintenus au frais par le propriétaire puis réchauffés avant d'être servis). Il s'agit alors de revente de biens, un service que le propriétaire doit pouvoir valoriser financièrement en s'octroyant une commission.

Pour aller plus loin, de nombreux propriétaires se dotent d'un espace d'accueil destiné à l'organisation de séminaires, d'*incentives* (réunions de stimulation) et autres réunions professionnelles. Une fois encore, cet investissement sera conditionné à la réalisation d'une étude ayant validé le potentiel de l'hébergement sur ce marché.

Condition n° 6 – Pour capter cette niche de clientèles, l'exploitant devra mettre en œuvre des actions de communication sur mesure. Pour être référencé par les professionnels, il est conseillé de constituer un réseau de proximité composé de commerces locaux (alimentation, bureaux de presse ou encore restaurants), susceptibles d'être démarchés ou fréquentés par votre clientèle. Des contacts privilégiés avec certains restaurateurs vous permettront d'identifier les entreprises pour lesquelles travaillent leurs clients professionnels. Il conviendra ensuite d'élargir votre cible aux entreprises les plus importantes de votre zone géographique et de porter l'offre d'hébergement à la connaissance des dirigeants ou des responsables des ressources humaines. Qu'il soit sous format papier ou électronique, le mailing devra mentionner les tarifs de vos hébergements et l'ensemble des prestations que vous destinez à la clientèle d'affaires.

En bref

Les atouts d'une offre d'hébergement en tourisme d'affaires

- L'accessibilité de l'hébergement.
- Un bon niveau de confort et de prestations.
- La proximité de services (transports...).

- La fourniture d'équipements spécifiques : accès Internet haut débit, Wi-Fi en illimité.
- Un service de restauration à domicile (tables d'hôtes) ou, à défaut, un traiteur ou des restaurants à proximité.
- Une salle de séminaire équipée (pour aller plus loin).

3

6. L'ACCUEIL D'ÉVÉNEMENTS

Pour être performant sur ce marché, il faut disposer d'hébergements de grande capacité et être capable de proposer un service de restauration sur place (traiteur, table d'hôtes, cuisinier à domicile…).

En dehors des séminaires de tourisme d'affaires évoqués ci-avant, ces événements sont souvent d'ordre amical ou familial : mariage, anniversaire, « cousinade »… Le site est généralement choisi pour son environnement et son accessibilité. La possibilité d'un accueil de groupe et de prestations spécifiques doit être mise en avant dans les outils de promotion.

PAROLES DE LOUEUR

Spécialité tribus !

Entretien avec Emmanuelle Grosby, propriétaire de quatre gîtes dans les Deux-Sèvres, **www.laguiarderie.com**

Comment vous êtes-vous orientée vers l'accueil de groupes et en quoi cela a-t-il eu des conséquences sur votre projet de création ?

J'ai constaté une pénurie de gîtes de grande capacité dans le département et je comptais sur ce marché pour faire tourner ma structure toute l'année. En conséquence, lorsque j'ai entrepris la rénovation de ces bâtiments du XVIIIe siècle, j'ai misé sur l'espace et sur un très bon niveau de confort. Les 4 gîtes proposent 15 chambres qui disposent chacune d'une salle de bains, je peux donc accueillir jusqu'à 35 personnes.

Je reçois des individuels, mais la majorité de ma clientèle est constituée d'amis et de familles qui se réunissent pour passer une semaine de vacances en période estivale ou pour partager un week-end hors saison. Située en pleine campagne, à 35 km de Niort, la Métairie est un point de rencontre idéal pour une famille composée de Parisiens et de gens du Sud. Concernant l'investissement, j'ai opté pour la construction d'une salle de séminaire de 77 m² dans laquelle le groupe partage, notamment, les repas. Cette salle m'est également utile par mauvais temps : je la transforme alors en salle de jeux et les enfants des différentes familles du site peuvent se rencontrer et s'amuser ensemble. Enfin, tous sont ravis de pouvoir disposer d'une piscine chauffée dès le mois d'avril.

Quelles sont les attentes des groupes en matière de prestations ?

Je pense qu'ils choisissent le domaine pour son espace, son cadre paisible et son confort, qui contrastent avec les dortoirs de certains gîtes de groupe. Certains recherchent également un service de restauration : au-delà de 12 personnes, je fais appel à un traiteur ; en deçà, je réunis les aliments et les ingrédients nécessaires à la réalisation des plats et je livre le tout au groupe, qui prépare lui-même son repas. Lorsque les hébergements sont loués le temps d'un week-end, j'ai également décidé de fournir les draps ; c'est, en général, très apprécié de la clientèle.

Avec ce niveau de prestations, mon étude de marché a démontré que je devais investir dans un minimum de 3 gîtes pour rentabiliser mes investissements. Il s'agit d'être capable de répondre à une très forte demande en été, pour compenser la basse saison, durant laquelle le domaine est loué principalement le week-end.

Vous proposez aussi des soins de balnéothérapie et un espace détente. S'agissait-il de répondre à une demande particulière des groupes ?

Non, il s'agissait plutôt de diversifier mon activité et d'optimiser mes périodes de location hors saison en m'appuyant sur mes compétences, puisque j'ai dirigé un centre de balnéothérapie. 30 % des hôtes issus de groupes profitent de ce service. L'espace d'un week-end, ils préfèrent la prestation hammam-jacuzzi afin de ne pas trop rogner sur le temps consacré à la réunion familiale. En période estivale, lorsqu'ils séjournent une semaine, ils se laissent tenter par les soins.

Au final, mon offre me permet de proposer quelque chose de différent sur mon territoire et de cibler plusieurs segments de clientèle : la clientèle individuelle et les groupes, aussi bien en tourisme d'agrément ou d'affaires que pour des séjours bien-être.

Comment s'envisage la commercialisation des gîtes de groupe?

Je m'appuie principalement sur une plateforme de commercialisation spécialisée dans la réservation de gîtes de groupe (**www.grandsgites.com**), puis sur des plateformes plus classiques. Certains de mes clients reviennent régulièrement et dans ce cas, ils me contactent directement.

7. La création de séjours à thème

L'intérêt d'une thématique

Proposer une thématique peut constituer un atout supplémentaire vis-à-vis de la concurrence. Deux cas de figure se présentent : soit le propriétaire conclut un partenariat avec un prestataire qui va fournir l'activité à ses hôtes, soit le propriétaire propose lui-même une thématique en lien avec son activité professionnelle, sa passion ou sa région. Les séjours à thème sont fréquemment des courts séjours proposés en chambres d'hôtes.

En dehors du plaisir que peut éprouver le propriétaire à transmettre ses connaissances et son savoir-faire, il convient d'évaluer le coût et le niveau de rentabilité des séjours thématiques. Proposés hors saison, ils permettront d'optimiser les périodes de location à condition d'être valorisés au juste prix.

Outre les aspects financiers, la création et la gestion de tels séjours demandent une très grande disponibilité. Dans certains cas, les hébergements pourront obtenir une qualification correspondant à l'activité proposée ; c'est le cas des gîtes de pêche et des séjours œnologiques, par exemple. Pour vous procurer la liste de ces qualifications, nous vous invitons à vous rapprocher de votre comité départemental du tourisme. Cette démarche vous permettra de faire figurer votre produit sur des supports de communication spécifiques. Elle est également valable en l'absence de qualification officielle car les CDT sont friands de ce type de séjour, très apprécié des journalistes…

En bref

Les caractéristiques du séjour à thème

- Il s'agit d'un week-end ou d'un court séjour (3 à 4 nuits).
- Il s'effectue généralement en chambres d'hôtes, mais est accessible aux gîtes.
- Il peut être proposé hors saison.
- C'est un thème que le propriétaire aime et qu'il a envie de partager.
- Le thème peut être proposé par un prestataire spécialisé qui sera payé en direct par le touriste.
- Le séjour est proposé en direct ou par une centrale de réservation.
- Il requiert une grande disponibilité.
- C'est un séjour qui laisse des plages de liberté aux hôtes.

Le mode d'emploi

Proposer une activité ne s'improvise pas ; il convient de la programmer dans le temps du séjour en prenant soin de laisser des plages de repos et de temps libre. Le propriétaire devra trouver le bon tempo pour que ses hôtes soient satisfaits du séjour dans son ensemble.

En pratique

Voici quelques idées à mettre en pratique partout, y compris en milieu urbain. On joue à 100 % la carte du *greeter*, et de la *french touch* lorsqu'il s'agit de clients étrangers.

Les séjours gourmands – On initie à la cuisine française ou locale et on propose des ateliers culinaires d'exception. Nul besoin d'être un grand chef pour faire partager sa passion. À moins que vous ne préfériez nouer un partenariat avec un professionnel de la restauration qui concoctera des menus « découverte » réservés à vos hôtes. Dans cette catégorie, entre nature et gourmandise, les séjours « Truffes » rencontrent un véritable succès.

Les séjours artistiques – Le propriétaire initie ses hôtes à une activité artistique (peinture, poterie, dessin, sculpture...) en proposant des stages et des ateliers pour tous les niveaux.

Les séjours sports et loisirs – Ils sont axés sur la pratique de sports et de loisirs, notamment de plein air. Équitation, pêche à la ligne, escalade, randonnée, marche nordique... Les possibilités sont multiples et ne sont pas réservées aux hébergements implantés en milieu rural. À condition de choisir le bon coach et de disposer d'un espace suffisant, toutes les disciplines peuvent s'envisager : Pilates, yoga, afrovibes... On mise sur l'expérience !

Les séjours nature – Ils proposent de découvrir la faune et la flore locale le long de sentiers botaniques, une initiation à l'ornithologie, des séjours mycologiques, l'étude des plantes aromatiques, médicinales et cosmétiques...

Les séjours à la ferme – Il s'agit de découvrir la ferme et ses produits. « Accueil Paysan » et « Bienvenue à la ferme » sont les deux labels incontestés de cette catégorie.

Les séjours brocantes pour les chineurs – Les meilleures adresses de propriétaires passionnés de beaux objets.

Les séjours loisirs créatifs – Scrapbooking, broderie, faïencerie, création de bijoux artisanaux, ateliers de composition florale : les ateliers ne manquent pas, il y en a pour tous les âges et tous les niveaux.

Les séjours œnologiques – Sur les meilleurs terroirs français, les vignerons proposent des ateliers de dégustation avec la complicité des organisations interprofessionnelles. Ces séjours sont destinés aux amateurs comme aux néophytes.

Les séjours bien-être – À domicile ou avec un établissement partenaire est concocté un programme détente sur mesure. Un vrai plus, y compris en milieu urbain, pour les adeptes de la détente qui ne souhaitent plus choisir entre ville et campagne.

Les séjours linguistiques – Entre deux visites, pourquoi ne pas dispenser quelques heures de cours de français à vos hôtes étrangers ? Un prétexte de plus pour échanger et partager la culture française !

Les séjours shopping – Entre la casquette de rédactrice en chef et celle de guide touristique, les hôtes sont accompagnés dans les boutiques incontournables ou connues du propriétaire seulement. Séjour VIP assuré !

50 % des touristes ont fait du shopping à Paris en 2011. Les principales clientèles étrangères y consacrent en moyenne 38,75 € par jour. C'est également l'une des activités principales, hors activité professionnelle, des touristes d'affaires qui dépensent en moyenne 32 € par jour. Le shopping fait rêver les Néerlandais, les Japonais, les Suisses, les Australiens et les Russes[1].

1. « Le tourisme à Paris, chiffres clés 2012 », Office de tourisme et des congrès de Paris

La commercialisation

Vous pouvez commercialiser ce type de séjour à condition de fournir vous-même la prestation. Si vous avez recours à un prestataire extérieur, il devra être payé directement par le consommateur, afin de respecter la loi du 13 juillet 1992 fixant les conditions d'exercice des activités relatives à l'organisation et à la vente de voyages ou de séjours, et de protéger le consommateur.

Vous pouvez également choisir d'avoir recours à un prestataire habilité par la loi à vendre des séjours packagés. Il peut s'agir d'une centrale de réservation départementale, d'une agence de voyages ou d'un opérateur privé.

Sur le plan national, le coffret cadeau fait des émules et les opérateurs démarchent ouvertement les propriétaires de gîtes, locations et de chambres d'hôtes. Même s'ils n'ont pas que des avantages, leur principal intérêt est qu'ils vont à la rencontre des consommateurs dans des points de vente qui, habituellement, ne proposent pas de séjour, par exemple en grande distribution. Nombre de séjours commercialisés par coffret cadeau sont des courts séjours. Nous nous attarderons sur ces opérateurs lorsque nous aborderons la commercialisation des hébergements.

8. L'OUVERTURE D'UNE TABLE D'HÔTES

Qu'est-ce qu'une table d'hôtes ?

La table d'hôtes permet aux propriétaires de chambres d'hôtes de compléter leur activité en proposant un service de restauration bien particulier. En l'absence de définition légale, on considère que la table d'hôtes permet de servir, à la table familiale, « un repas traditionnel à base de produits régionaux, issus autant que possible de produits soit d'exploitations agricoles, soit du terroir »[1].

Pour appliquer la bonne législation, il convient de distinguer cette activité de celle de la restauration traditionnelle. Quatre conditions doivent être cumulées :

- elle doit constituer un complément de l'activité d'hébergement ;
- elle doit proposer un seul menu et une cuisine de qualité, composée si possible d'ingrédients du terroir ;
- elle consiste à servir le repas à la table familiale ;

1. www.entreprises.cci-paris-idf.fr

- elle ne peut offrir une capacité d'accueil supérieure à celle de l'hébergement, ce qui signifie qu'elle est strictement réservée aux occupants de la chambre d'hôtes.

Aux termes d'une réponse ministérielle, publiée au *Journal Officiel* de l'Assemblée nationale en date du 26 avril 1999, la table d'hôtes devient un restaurant et tombe sous le coup de la réglementation équivalente si elle déroge à l'une de ces obligations.

• Quel est son chiffre d'affaires ?

Les tarifs des repas varient de 8 à 55 € et s'établissent en moyenne autour de 18 à 26 €[1]. Les exploitants proposant la table d'hôtes réaliseraient un chiffre d'affaires de 22 000 € en moyenne contre 13 400 € pour un hébergement sans table d'hôtes, soit 49 % de taux d'occupation contre 43 %[2]. Il s'agit donc d'un vrai atout commercial.

• Quel est son statut juridique ?

L'immatriculation au registre du commerce et des sociétés (RCS) est obligatoire dès lors que l'exploitant exerce cette activité de façon habituelle avec recherche de profits et qu'il en fait sa profession.

En revanche, si cette activité est occasionnelle, ponctuelle ou exceptionnelle, elle ne confère pas la qualité de commerçant et ne donne pas lieu, en principe, à immatriculation au RCS.

Quelles sont les conditions d'ouverture et de fonctionnement ?

• Déclaration et assurances

L'ouverture d'une table d'hôtes doit faire l'objet :

- d'une déclaration d'ouverture en mairie (formulaire Cerfa 11542*03) pour l'attribution d'une petite licence de restauration (avec remise d'une attestation de formation au permis d'exploiter) ;

1. *Accueillir Magazine*, n° 15, mai-juin 2008.
2. Observatoire des chambres d'hôtes, Gîtes de France 2014.

- d'une déclaration d'ouverture aux services fiscaux (formulaire disponible auprès d'un centre de formalités des entreprises) ;
- d'une déclaration d'ouverture auprès de la Direction départementale de la protection des populations (formulaire Cerfa 13984*3).

Les propriétaires doivent également contracter une assurance couvrant le risque d'intoxication alimentaire.

Point de droit

Les textes de référence en bref

- L'arrêté du 9 mai 1995.
- Le règlement 852/2004 de l'Union européenne du 29 avril 2004 ayant pour objectif d'harmoniser les réglementations européennes en matière d'hygiène.
- L'arrêté du 21 décembre 2009 comportant notamment des dispositions sur le refroidissement des préparations culinaires, la remise en température des plats...

• L'information des consommateurs

Information sur les prix – L'exploitant d'une table d'hôtes est tenu d'indiquer le prix de ses prestations à l'extérieur et à l'entrée du bâtiment, ainsi qu'au lieu de réception de la clientèle. Il doit également se conformer à une obligation d'affichage du menu et de sa composition.

La délivrance d'une note – Une note doit être remise à chaque client dès que le montant total de la prestation est égal ou supérieur à 15,24 €, ou à la demande du client si le montant est inférieur à cette somme. Cette note doit être établie en double exemplaire : l'original est remis au client et le double est conservé par le propriétaire pendant deux ans, classé par ordre de date de rédaction.

La note doit mentionner les informations suivantes :

- la date de la rédaction de la note ;
- le nom et l'adresse du propriétaire ;
- le nom du client, sauf opposition de celui-ci ;
- la date et le lieu d'exécution de la prestation ;

3

– le décompte détaillé en quantité (nuitées) et le prix de chaque prestation ;
– la somme totale à payer.

- **Le respect de la réglementation relative aux débits de boissons**

Depuis la loi 22 juillet 2009, l'exploitant d'une chambre d'hôtes n'est plus tenu de demander une licence de 1re catégorie pour la fourniture de boissons sans alcool, liée à une prestation d'hébergement. En revanche, les propriétaires de tables d'hôtes doivent obtenir une licence restaurant, qui permet de vendre les boissons des deux premiers groupes pour les consommer sur place.

Ces boissons doivent être consommées comme accessoires de la nourriture, à l'occasion des principaux repas. Les licences sont délivrées par les recettes buralistes (recette locale des impôts) ou le bureau des douanes dont dépend l'hébergement. (art. L. 3331 et suivants du Code de la santé publique, et 502M du Code général des impôts).

Depuis 2009, toute personne déclarant l'ouverture, la mutation, la translation ou le transfert d'un débit de boissons à consommer sur place de 2e, 3e, 4e catégorie doit suivre une formation dispensée par un centre de formation travaillant en liaison avec un syndicat professionnel représentatif du secteur d'activité. Cet enseignement donne lieu à la délivrance d'un permis d'exploitation valable 10 ans.

Les différents types de licences selon la nature des boissons			
Types de boissons	**Débits de boissons à consommer sur place**	**Débit de boissons à emporter**	**Restaurant**
Groupe 1 : boissons sans alcool	Vente libre	Vente libre	Vente libre
Groupes 2 et 3 : boissons fermentées non distillées et vins doux naturels, vin, bière, cidre, poiré, hydromel, crème de cassis, muscat,jus de fruits comportant jusqu'à 3° d'alcool, vin de liqueurs, apéritif à base de vin, liqueur de fruits comprenant moins de 18° d'alcool	Licence III (licence restreinte)	Petite licence à emporter	Petite licence restaurant
Groupes 4 et 5 : rhum et alcool distillé	Licence IV (grande licence)	Licence à emporter	Licence restaurant
Source : **www.servicepublic.fr**.			

L'objectif de cette formation est la connaissance des dispositions relatives à la prévention et la lutte contre l'alcoolisme, la protection des mineurs et la répression de l'ivresse publique, la législation sur les stupéfiants, la revente de tabac, la lutte contre le bruit, les principes généraux de la responsabilité civile et pénale et la lutte contre la discrimination.

• La TVA applicable

La restauration est soumise au taux réduit (désormais à 10 %), les boissons alcoolisées restant au taux normal de 20 %.

• Vers un renforcement des règles d'hygiène ?

La table d'hôtes est soumise à certaines dispositions de l'arrêté du 9 mai 1995 réglementant l'hygiène des aliments remis directement au consommateur.

À partir de ce texte, la DGCCRF recommande les pratiques suivantes :

- le raccordement au réseau public d'adduction d'eau potable ;
- la propreté et le bon entretien des locaux ;
- la mise en œuvre de bonnes pratiques d'hygiène, prévoyant, notamment, le traitement régulier des déchets de manière à prévenir la contamination des denrées alimentaire ;
- l'interdiction de servir des denrées alimentaires congelées par les propriétaires eux-mêmes à défaut des équipements obligatoires, la stérilisation des conserves à base de viande dans un autoclave agréé et l'abattage des petits animaux dans un abattoir agréé… ;
- la traçabilité des denrées, l'exploitant devant conserver les tickets de caisse des aliments servis à la table pendant au moins 6 mois ;
- le respect des températures prescrites sur les étiquettes des produits.

En l'absence de document de référence, il est impératif de s'adresser à la Direction départementale de la protection des populations et à la DGCCRF. Sachez que le non-respect de la réglementation est régulièrement sanctionné à l'occasion de contrôles organisés à l'improviste à l'initiative de cette dernière.

ÉVALUER LA RENTABILITÉ DE SON PROJET

4

1. LE RECOURS À UNE ÉTUDE DE FAISABILITÉ

Vos interlocuteurs

Vous pouvez réaliser cette étude en direct, en vous tournant vers votre comité départemental du tourisme, office de tourisme, label ou CCI. Ces derniers sont à même de vous communiquer des chiffres moyens de fréquentation dans la zone de localisation de votre projet. Une étude plus poussée, de type business plan, sera cependant indispensable à l'obtention de certains financements, d'établissements bancaires, par exemple. Dans ce cas, il convient de contacter votre CCI, qui vous proposera de réaliser cette étude ou vous mettra en relation avec des consultants spécialisés. Le coût de l'étude pourra être pris en charge dans sa totalité ou pour partie, dans le cadre de subventions émanant de la région ou du département.

Les éléments de référence de l'étude de faisabilité

LE POINT DE VUE DE L'EXPERT

Christine Varenne, consultante tourisme

Les cinq grandes étapes du projet

Une étude de faisabilité s'effectue en plusieurs étapes.

- Étape 1 : de l'idée au projet.
- Étape 2 : la conception.

- Étape 3 : l'étude technique et de faisabilité.
- Étape 4 : la phase de réalisation.
- Étape 5 : la phase d'exploitation et de gestion.

La définition conceptuelle et la faisabilité marketing

1- Le porteur de projet : créateur, réalisateur, exploitant

Il est tous ces acteurs à la fois et ne doit pas se tromper de rôle ni manquer une étape. Il n'est pas seul ; il a une famille, un(e) conjoint(e), des enfants, jeunes, très jeunes ou adolescents. Il est donc essentiel de vérifier que le projet est aussi porté par tout l'entourage.

2- La clientèle : sa diversité, ses attentes variables selon les saisons

Le porteur de projet a préalablement identifié ses clientèles et connaît leurs origines géographiques, le moment où elles partent, la durée de leurs séjours. Il connaît également leurs attentes principales, à savoir, l'accueil, la disponibilité, l'écoute, le confort et la fourniture de services, comme leurs besoins de ressourcement, de « réassurance », d'immersion, de convivialité, de reconnaissance, mais aussi de qualité et de fiabilité, de sécurité et de sécurisation.
Le porteur de projet doit définir les produits touristiques qu'il va commercialiser en menant une réflexion sur :

- leur contenu, leur descriptif, les prestations incluses proposées ou optionnelles ;
- le rapport qualité-prix. La tarification doit être rigoureuse et cohérente avec la prestation proposée comme avec le marché, et ce quel que soit le mode de commercialisation, direct où indirect ;
- la communication. Elle doit être sur mesure, séduisante, fiable et cohérente ;
- l'attitude à avoir vis-à-vis de ses clients. Le porteur de projet doit avoir la capacité de communiquer l'amour de son territoire et de faire partager ses connaissances.

En phase de faisabilité, le porteur de projet doit évaluer par type de prestation et/ou produit un chiffre prévisionnel de ses ventes sur 3 à 5 ans. À partir de ce chiffre prévisionnel, il pourra calculer son chiffre d'affaires par saison et par an, en tenant compte du taux de progression escompté et de la stratégie commerciale qu'il aura définie.

3- L'hébergement : habitat et environnement

Il convient de vérifier que l'hébergement, les espaces extérieurs, l'environnement immédiat et le fleurissement correspondent en tout point au projet et aux attentes de la clientèle. Afin de s'en assurer, le porteur de projet pourra utiliser comme guide référent les grilles de classement et de labellisation fournis par le CDT. En réponse aux critères exigés, il identifie les aménagements à envisager, à court et moyen termes, ainsi que leur montant. Le porteur de projet fait établir des devis par des professionnels, qui lui seront également utiles pour monter son dossier de financement, voire de demande de subvention.

4

Le montage technique, financier et commercial

Le porteur de projet doit évaluer :

- le budget global prévu ;
- le montant de l'investissement matériel (travaux, aménagements, mobilier...) ;
- le montant de l'investissement immatériel ;
- le plan de financement équilibré (apport personnel, emprunt et charges d'emprunt, aides diverses) ;
- les coûts de fonctionnement (énergies, assurance, comptabilité, commercialisation...) ;
- le chiffre d'affaires global, par saison et par poste ;
- la rentabilité financière du projet (la rentabilité directe avec les revenus, la rentabilité indirecte avec la création d'emplois, la rentabilité induite par rapport à son projet de vie).

Le phasage du projet, de la conception à la réalisation

- Les démarches de demandes d'aides requièrent 1 an minimum entre le montage des dossiers et la décision des financeurs. Attention : il convient d'attendre la réponse des collectivités avant de commencer les travaux.
- Les démarches bancaires demandent aussi 1 an minimum.
- La phase de réalisation dure en général de 1 à 3 ans. Il faut toujours prévoir un retard dans la phase de travaux.

2. LES INVESTISSEMENTS DE DÉPART HORS MURS

On estime le coût moyen de la rénovation à 91 206 € pour un gîte ou une location et à 75 917 €[1] pour une maison d'hôtes sur la base de quatre chambres. Les investissements de départ correspondent au gros œuvre (ossature, fondations, murs et toits), à l'aménagement extérieur (plantations), au second œuvre (éléments d'achèvement), aux travaux de finition, à l'achat des éléments de mobilier, d'électroménager et de décoration. La création doit également inclure tous les frais de mise en conformité avec les réglementations en vigueur dans les domaines de l'hygiène, de la sécurité et de la salubrité.

1. Étude sur le poids socio-économique des Gîtes de France / MKG Hospitality pour la Fédération nationale des Gîtes de France / 2014-2015.

Le montant de l'investissement va sensiblement changer en fonction de la zone d'implantation du projet, de la qualité des matériaux et des équipements, du recours éventuel à un architecte et du degré de sophistication des techniques de rénovation.

Pour créer une maison d'hôtes, la contrainte majeure résidera dans l'agencement de l'hébergement. Le décret d'août 2007 exige que chaque chambre d'hôtes donne accès à une salle d'eau et un WC, qui peuvent être être privatifs ou communs à plusieurs chambres. La réalisation de sanitaires privés, conformes à un meilleur niveau de prestation, engendrera un coût supplémentaire selon l'agencement des pièces dans la bâtisse existante.

Enfin, outre les travaux et l'achat d'équipements, il conviendra de comptabiliser dans les charges d'investissement les annuités des prêts contractés.

3. LA RECHERCHE DE FINANCEMENTS

Les subventions accordées par les collectivités territoriales

Elles sont majoritairement attribuées à l'échelon départemental, mais des régions proposent également de soutenir la création d'hébergements touristiques. Enfin, quelques territoires bénéficient encore de crédits européens. Globalement, l'attribution d'aides à la création comme à la rénovation est plus difficile que par le passé et soumise à des conditions de plus en plus contraignantes pour ce qui est du niveau de confort notamment.

• La nature des aides octroyées

Il existe deux types d'aides : les aides à la création et les aides à la rénovation. Les premières peuvent viser tous les travaux de construction et d'aménagement intérieur, y compris le mobilier. Les secondes viennent en soutien de gros travaux d'amélioration d'un gîte existant (mise aux normes, façades, toitures, électricité, sanitaires...).

Dans un cas comme dans l'autre, la main-d'œuvre peut également être prise en compte, dans une certaine limite.

4

- **Les modalités d'attribution**

Selon que l'aide est régionale, départementale ou européenne, elle est soumise à des conditions d'attribution différentes qui changent également d'un territoire à l'autre.

L'attribution d'une aide publique est généralement conditionnée, de manière cumulative ou non, à :

- l'adhésion à un label de qualité ;
- l'adhésion à une centrale de réservation ;
- l'adhésion à une agence immobilière ;
- un niveau de confort correspondant en général et a minima aux niveaux 2 et 3 (2 épis/2 clés, 3 épis/3 clés).

Les taux d'aide varient entre 10 % et 40 % du montant des travaux hors taxes, plafonnés à un montant variant de 10000 € à 30000 € en moyenne. Ces taux peuvent être abondés ou minorés en fonction de la politique défendue par la collectivité territoriale. Nous savons, par exemple, que les propriétaires d'hébergements intégrant une démarche éco-environnementale pourront prétendre à un taux majoré.

Les aides accordées au créateur d'entreprise

Si vous bénéficiez du statut de demandeur d'emploi et que vous avez choisi de porter un projet de nature professionnelle, quel que soit le statut choisi – entreprise individuelle ou société –, vous pouvez bénéficier sous certaines conditions du maintien des Assedic durant 15 mois et, sous réserve de la validation de votre projet, d'aides spécifiques. Celles-ci sont nombreuses et soumises à différentes conditions ; pour une approche exhaustive, contactez Pôle Emploi. Nous citerons cependant trois d'entre elles :

- le dispositif NACRE consiste en une aide au montage du projet (phase 1), un appui à la structuration financière (phase 2) *via*, notamment, un prêt à taux zéro et un suivi de l'entreprise (phase 3). Le prêt, d'un montant de 8000 € maximum, est d'une durée de 5 ans ;
- l'aide aux chômeurs créateurs ou repreneurs d'entreprise (ACCRE) permet d'être indemnisé de cotisations sociales pendant la première année d'activité ;
- l'aide solidaire (ADIE) s'adresse à ceux qui n'ont pas obtenu de financement bancaire classique et dont le coût total du projet n'excède pas 20000 €. Il s'agit de prêts dits solidaires allant jusqu'à 10000 € maximum.

4. LES CHARGES D'UN HÉBERGEMENT TOURISTIQUE

Les charges fixes communes aux gîtes, location et aux chambres d'hôtes à l'année

Ce sont des charges de fonctionnement qui ne varient pas en fonction du volume de l'activité.

- **Les impôts locaux**

La taxe foncière – Elle est fixée par la commune où se situe l'hébergement ; y sont assujettis les propriétaires ou usufruitiers d'un immeuble bâti occupé au 1er janvier.

Les immeubles bâtis désignent les constructions et bâtiments élevés au-dessus du sol ou construits en sous-sol. Pour les particuliers, il s'agit essentiellement des locaux d'habitation et des parkings dont ils sont propriétaires, qu'ils soient ou non occupants des lieux. Sont également assujettis les bâtiments commerciaux et professionnels.

Si l'hébergement est une construction nouvelle ou une reconstruction, vous devez en faire la déclaration au centre des impôts du lieu de situation des biens dans les 90 jours de l'achèvement de la construction ou de la réalisation définitive du changement de consistance ou d'affectation.

La taxe d'habitation – Elle est due par tous les propriétaires pour qui l'hébergement constitue l'habitation principale ou personnelle. On entend par habitation personnelle un hébergement dont le propriétaire se réserve la disposition, à titre de résidence principale ou secondaire, en dehors des périodes louées.

Il existe des cas d'exonération, notamment en zone de revitalisation rurale où les communes sont autorisées à exonérer de taxe d'habitation les locaux mis en location à titre de gîte rural, les locations classées meublés de tourisme, ainsi que les chambres d'hôtes.

Pour bénéficier de cette exonération, le propriétaire doit adresser avant le 1er janvier de chaque année à son centre des impôts la déclaration 1 205-GD téléchargeable sur le site des impôts, **www.impots.gouv.fr**, accompagnée de tous les éléments justifiant de l'affectation des locaux.

À noter : un projet de réforme de la taxe d'habitation est actuellement à l'étude.

La contribution économique territoriale (CET) – Les loueurs de gîtes et chambres d'hôtes sont assujettis à cet impôt, qui est dû par toute personne physique ou morale exerçant une activité professionnelle non salariée. Cependant, il existe de nombreux cas d'exonération, notamment les personnes qui louent :

- une partie de leur habitation personnelle, lorsque cette location ne présente aucun caractère périodique ;
- en meublé, une partie de leur habitation principale (même à titre habituel), à condition, d'une part que le prix de la location demeure fixé dans des limites raisonnables, d'autre part que le logement constitue pour le locataire sa résidence principale ;
- tout ou partie de leur habitation personnelle à titre de gîte rural ;
- des locaux faisant partie de leur habitation personnelle et classés « meublés de tourisme » ;
- ou sous-louent en meublé tout ou partie de leur habitation personnelle.

La taxe de séjour – Le principe de sa perception et son taux sont arrêtés par les collectivités locales, communes ou regroupements intercommunaux selon les modalités de perception suivantes :

- soit « au réel », la taxe est alors constituée d'un prix par nuitée et par personne et perçue par le propriétaire pour le compte de la commune. Elle est acquittée directement par les vacanciers et s'ajoute au montant de la location ;
- soit « forfaitaire », la taxe de séjour est alors, comme son nom l'indique, déterminée forfaitairement par les collectivités en fonction du type d'hébergement, de sa capacité et de sa fréquentation. Elle est directement acquittée par le propriétaire.

Le montant varie en moyenne entre 0,20 € à 1,50 € par personne et par nuit. Certains visiteurs sont cependant exonérés de taxe de séjour ; pour connaître ces cas, il convient de contacter votre mairie.

La taxe d'ordures ménagères – Cette taxe est due sur toutes les propriétés et leurs dépendances assujetties à la taxe foncière. Elle est calculée sur la même base que la taxe foncière et figure sur le même avis d'imposition que celle-ci.

• Les redevances et contributions

La contribution à l'audiovisuel public – Elle varie en fonction du nombre de points de vision détenus et du type d'établissement. Pour les gîtes et chambres d'hôtes, elle est due sur autant de télévisions que compte l'hébergement. Son montant varie selon qu'elle porte sur un poste à usage privé (du propriétaire) ou à usage public (des locataires). En fonction du nombre de téléviseurs mis à disposition du public, le loueur pourra bénéficier d'un abattement. Vous devez déclarer votre redevance sur l'imprimé 3310A ou votre déclaration annuelle de TVA si vous êtes assujetti.

Tarifs 2019 pour les appareils de réception de télévision installés dans tous les établissements sauf les débits de boissons		
Points de vision	**Métropole**	**DOM**
Les 2 premiers	139,00 €	89,00 €
Du 3e au 30e (abattement de 30 %)	97,30 €	62,30 €
		Source : **www.impots.gouv.fr**.

La redevance SACEM, www.sacem.fr – La diffusion d'œuvres d'auteurs audiovisuelles ou musicales au moyen de chaînes hi-fi ou de télévision est soumise à autorisation de la SACEM et au paiement de droits (article L. 122-5-1° du Code de la propriété intellectuelle). La redevance est évaluée par la SACEM en fonction de l'importance de la diffusion au sein de l'hébergement.

• Les assurances

Il convient de prévoir la souscription d'une police d'assurances spécifique (cf. chapitre 5). L'extension de ces garanties implique leur renouvellement chaque année.

• L'entretien des équipements

Il s'agit des frais incompressibles d'entretien de votre hébergement : menues réparations, entretien de l'espace extérieur, remplacements d'équipements usés…

• Les actions de promotion et de commercialisation

Nous aborderons ce domaine dans les chapitres 7 et 8, mais il est essentiel, d'emblée, de prévoir un budget annuel prévisionnel correspondant à la cotisation à un label, l'adhésion éventuelle à une centrale de réservation ou à la réalisation d'outils et d'actions de communication.

Les charges variables

Elles sont directement liées à la présence de clients et sont, généralement, proportionnelles.

• Les charges variables d'un gîte et d'une location

Elles englobent :

- la consommation d'électricité, sachant qu'il est possible d'inclure un forfait dans le coût de la location et, au-delà de ce forfait, de demander à ses locataires de régler la différence ;
- la consommation de gaz ;
- la consommation d'eau ;
- les cadeaux d'accueil, à savoir les boissons et collations offertes à l'arrivée ;
- la fourniture éventuelle des draps et du linge maison. Ce service pourra également être proposé contre rémunération, sur une base d'environ 15 € par personne.

• Les charges variables d'une chambre d'hôtes

Elles comprennent, en plus des charges citées ci-dessus :

- la fourniture du petit-déjeuner ; une prestation de qualité incluant fruits frais, jus d'orange, confitures maison, café, chocolat et thé, viennoiseries et autres gourmandises s'élève à environ 5 € par personne ;
- le blanchissage ; plus ou moins important en fonction de la fréquentation des chambres, on peut considérer qu'il représente en moyenne et à l'année, pour 3 à 4 chambres d'hôtes, 300 € de budget[1].

1. « Le prix du blanchissage : notre outil pour calculer le coût annuel de votre blanchissage », document téléchargeable sur **www.accueillir-magazine.com**.

5. LA TARIFICATION

Fixer correctement le prix de votre hébergement est une opération importante par rapport à la rentabilité de votre projet.

Les prix du marché

Votre tarif doit tenir compte des prix du marché, qui sont réévalués régulièrement. La tarification moyenne des gîtes est liée au niveau de labellisation. On note que les prix moyens ont augmenté de manière significative depuis 2014.

Niveau de confort du gîte	Tarif moyen à la semaine[1]	+/– depuis 2014[2]
1	320 €	+ 6 %
2	379 €	+ 7 %
3	487 €	+ 5 %
4	777 €	+ 6 %
5	1453 €	+ 13 %

Une étude[3] a établi le prix moyen d'une chambre d'hôtes à 69,30 € la nuitée pour 2 personnes, petit-déjeuner compris (+ 11,30 € entre 2008 et 2012). Ce tarif est modulé selon le niveau de confort de la maison d'hôtes, sa localisation et la saison.

Niveau de confort de la chambre d'hôtes	Tarif moyen à la nuitée pour 2 personnes[4]
1	80 €
2	80 €
3	86 €
4	118 €
5	145 €

1. Enquête Gîtes de France, janvier 2017.
2. Calcul réalisé sur la base des tarifs communiqués par Gîtes de France en 2014.
3 Étude réalisée par *Accueillir Magazine*, n° 41, septembre-octobre 2012.
4. Enquête Gîtes de France, janvier 2017.

4

Méthode de calcul du prix

Dans un premier temps, vous devez connaître le taux d'occupation de l'hébergement : en nuitées pour les chambres d'hôtes et en semaines pour les locations. Pour ce faire, vous pouvez interroger les autres propriétaires de la zone, l'office de tourisme et le CDT afin de fixer un prévisionnel réaliste. Ensuite, vous divisez ce que cela vous coûte par le nombre d'unités vendues. Vous allez obtenir un prix minimum qu'il convient de moduler en fonction des tarifs pratiqués dans la zone et par vos concurrents.

Pour fixer le juste prix, il est conseillé de tenir compte du niveau de confort des hébergements, de leurs équipements, leurs principaux atouts et leurs faiblesses.

Attention ! Cette méthode ne sera pas raisonnablement applicable si vos charges de départ sont trop importantes ou si votre taux d'occupation est trop faible.

Le **Yield Management** *ou l'optimisation de l'adéquation entre l'offre et la demande*

L'objectif du *Yield Management* est d'optimiser le revenu global, en faisant varier les prix en fonction d'un arbitrage permanent entre la demande et l'offre restante, le tout dans le respect d'une politique commerciale cohérente. Il s'attache donc à maximiser le profit plutôt que le simple volume des ventes et il est applicable aux hébergements touristiques.

Une donnée pèse lourdement sur ce secteur d'activité : la saisonnalité. Dans les périodes soumises à une diminution de vente de séjours, il convient d'adapter ses tarifs en observant et en interprétant son environnement. Généralement, ce procédé permet d'anticiper le comportement des clients et d'opérer une adéquation entre l'offre et la demande, voire de créer la demande. Elle peut s'opérer à différents niveaux. Ainsi, en basse saison, on va attirer sa clientèle sur la base d'un prix plus bas en tentant d'augmenter le volume des ventes. À l'inverse, en haute saison, il conviendra d'optimiser les prix à condition d'être assuré de son taux de remplissage. L'autre niveau d'action est la segmentation des clientèles, c'est-à-dire que vous allez appliquer un tarif différent selon le profil de vos hôtes et locataires. Vous pouvez ainsi proposer, lorsque cela est nécessaire, des tarifs spéciaux destinés aux seniors, aux jeunes couples…

Enfin, vous pouvez adapter vos tarifs au nombre d'occupants en proposant, par exemple, un tarif pour une personne moins élevé que la chambre d'hôtes pour deux.

6. CAS PRATIQUE : RÉALISEZ VOTRE ÉTUDE DE RENTABILITÉ

Quelques définitions préalables

Plusieurs notions sont nécessaires à la réalisation de l'étude de rentabilité :

- Marge directe = Chiffre d'affaires – Charges fixes.
- Le résultat courant détermine le résultat net.
- Résultat disponible = Résultat net après IS (si assujetti à l'IS).
- Une fois le prix déterminé, le seuil de rentabilité désigne le nombre minimum de nuitées ou de semaines de location à réaliser pour couvrir l'ensemble des charges.
- Prix de revient = Coût des charges de fonctionnement et d'investissement.
- Retour sur investissement = Nombre d'années théoriques nécessaires pour rentabiliser les investissements.

Étude de rentabilité pour un gîte et pour des chambres d'hôtes

En remplissant le tableau qui suit (voir page 115), vous pourrez calculer la rentabilité de votre gîte ou de vos chambres d'hôtes. Pour ces dernières, les données qui varient sont le produit, évalué à la nuitée, et les charges variables qui incluent la préparation du petit-déjeuner et le blanchissement.

ÉTUDE DE RENTABILITÉ D'UN GÎTE, D'UNE LOCATION OU D'UNE CHAMBRE D'HÔTES			
Charges d'investissement	**Montant HT**	**TVA**	**Montant TTC**
Gros œuvre, aménagement extérieur et second œuvre (travaux de rénovation)		10 %	
Mobilier, équipement électroménager et décoration		20 %	
Annuités d'emprunts			
Sous-total			
Financement			
Autofinancement			
Subventions			
Région			
Département			
UE			
Emprunts			
Sous-total			
Produit	**Prix de la semaine (gîte et location) ou de la nuitée (chambre)**	**Nombre de semaines louées (gîte et location) ou de nuitées (chambre)**	**Chiffre d'affaires**
Haute saison			
Moyenne saison			

4

Basse saison			
Chiffre d'affaires annuel			
Charges de fonctionnement			
Charges fixes (impôts, taxes, assurances…)			
Charges variables : entretien, consommables, Internet, téléphone, gestes d'accueil… (gîte) + petit-déjeuner, blanchissement, cadeaux d'accueil… (chambre d'hôtes)			
Communication et commercialisation			
Sous-total			
Résultats d'exploitation			
Marge directe			
Résultat courant			
Revenu disponible			
Clignotants			
Seuil de rentabilité (semaines)			
Prix de revient par semaine louée			
Retour sur investissement (X ans)			

DÉFINIR LE CADRE JURIDIQUE ET FISCAL DE SON ACTIVITÉ

5

1. CHOISIR SON STATUT JURIDIQUE

La politique des seuils

Les loueurs de gîtes et de chambres d'hôtes sont désormais soumis au paiement de cotisations sociales au-delà d'un certain seuil de chiffre d'affaires. L'adoption d'un statut (inscription en tant qu'auto-entrepreneur, immatriculation en tant qu'entreprise individuelle au registre du commerce et des sociétés ou création d'une société) sera fonction du chiffre d'affaires réalisé et de la situation personnelle du loueur.

- **Au-delà de 23 000 € de revenus pour les loueurs de meublés[1]**

Les loueurs de gîtes et locations avaient été jusqu'ici épargnés par le mouvement de régulation du secteur des chambres d'hôtes initié dès 2008 par les pouvoirs publics. Nombreux sont ceux qui exercent encore leur activité comme simples particuliers et déclarent leurs revenus dans la catégorie micro-BIC. Ces derniers bénéficient d'un abattement fiscal de 71 % à condition que l'hébergement soit classé « meublé de tourisme ».

Cependant, depuis le 1er janvier 2017, les loueurs de locaux d'habitation meublés sont bel et bien tenus de s'affilier au régime social des indépendants (RSI) dès que les revenus tirés de cette activité dépassent 23 000 euros par an. Les locaux sont

1. Loi du 23 décembre 2016 de financement de la Sécurité sociale pour 2017.

loués à une clientèle y effectuant un séjour à la journée, à la semaine ou au mois et n'y élisant pas domicile.

À noter : si le loueur s'inscrit en tant qu'auto-entrepreneur, le taux de cotisations sociales est de 22,7 %, minoré à 6 % pour les meublés de tourisme classés. S'il dépend du régime de droit commun des indépendants, les cotisations seront calculées par le RSI sur la base du bénéfice réel.

Le législateur a par ailleurs prévu les assouplissements suivants :

- les loueurs concernés peuvent opter pour le régime général de la Sécurité sociale lorsque leurs recettes annuelles ne dépassent pas les limites du chiffre d'affaires de la micro-entreprise, à savoir 82 800 € l'année civile précédente. Les cotisations et contributions de sécurité sociale dues sont alors calculées sur une assiette constituée de leurs recettes diminuées d'un abattement de 60 %, majoré à 87 % lorsque le meublé est classé « meublé de tourisme »
- l'assujettissement au RSI au-delà de 23 000 € de revenus annuels ne sera pas obligatoire pour les propriétaires de meublés de tourisme classés pratiquant la location touristique en tant qu'activité « secondaire », ces derniers s'acquittant déjà de cotisations dans le cadre du régime social général. Sont notamment concernés les agriculteurs déjà affiliés à la Mutualité sociale agricole.

• Au-delà de 18 165 € de revenus pour les loueurs de chambres d'hôtes

Au-delà d'un revenu imposable supérieur à 5 268 €, les loueurs de chambres d'hôtes sont tenus de payer des charges sociales. Ce seuil correspond à un chiffre d'affaires estimé à 18 165 € avant abattement (en micro-entreprise), soit la majorité des maisons d'hôtes proposant trois chambres ou plus ou des maisons d'hôtes plus petites situées en milieu urbain ou sur un « spot » touristique.

Les informations qui suivent sont de portée générale. Il est vivement conseillé de réaliser une étude individuelle de votre situation personnelle et patrimoniale en vous rapprochant d'un conseiller fiscaliste.

5

En pratique

Les textes de référence :

- pour les loueurs de locaux d'habitation meublés

  Article L. 311-1 du Code de la Sécurité sociale et article L. 311-3, alinéa 35 du Code de la Sécurité sociale

- pour les loueurs de chambres d'hôtes

  Article L. 613-1 du Code de la Sécurité sociale

Simulation en nombre de semaines de location pour un meublé

Rappel du seuil de chiffre d'affaires au-delà duquel il y a obligation de payer des charges sociales : 23 000 €.

Prix moyen : 464 €[1].

Pour atteindre ce seuil, le loueur de meublé devra louer toute l'année, dans une zone très porteuse, être propriétaire de plusieurs meublés ou de meublés bénéficiant d'un standing de très bon confort.

Simulation en nombre de nuitées pour une maison d'hôtes de 2 chambres

Rappel du seuil de chiffre d'affaires au-delà duquel il y a obligation de payer des charges sociales : 18 165 €.

Tarif moyen pour 2 personnes : 69,30 € par nuitée.

Équivalent en nombre de nuitées : environ 262 nuitées au total, soit 131 nuitées par chambre.

131 nuitées correspondent à environ 10 nuitées par mois et par chambre sur l'année ou à un remplissage concentré sur les 4 mois de haute fréquentation touristique.

1. Étude sur le poids socio-économique des Gîtes de France / MKG Hospitality pour la Fédération nationale des Gîtes de France / 2014-2015.

Auto-entrepreneur : mode d'emploi

Ce statut s'adresse à toutes les personnes qui créent ou possèdent une entreprise artisanale ou commerciale soumise au régime fiscal de la micro-entreprise (chiffre d'affaires inférieur à 170 000 € pour les gestionnaires de chambres d'hôtes et meublés de tourisme classés et à 70 000 € pour ceux de meublés de tourisme non classés). Il permet en outre d'exercer son activité en tant qu'entrepreneur individuel et de bénéficier du régime de la franchise en base de TVA.

• Les modalités d'immatriculation

Vous pouvez vous déclarer en ligne sur le site **www.lautoentrepreneur.fr** ou auprès du Centre de formalités des entreprises, muni dans les deux cas d'un simple justificatif d'identité. Dès que vous êtes immatriculé, l'Insee vous attribue un numéro SIREN, qui devra être mentionné sur tous vos documents administratifs (factures, correspondance, devis, etc.).

Pour les chômeurs créateurs d'entreprise, sachez qu'il n'y a aucune incompatibilité entre l'ACCRE (programme d'exonération de charges) et l'auto-entrepreneuriat. Enfin, le statut se veut plus ouvert que l'immatriculation au RCS puisqu'il est notamment compatible avec le statut de fonctionnaire.

• L'assujettissement au régime micro-social

En devenant auto-entrepreneur, vous êtes redevable de 12,1 % de votre chiffre d'affaires en cas de location de chambres d'hôtes et de 22 % en cas de location de meublés (6 % pour les meublés classés meublés du tourisme). Il s'agit de cotisations sociales obligatoires (assurance maladie-maternité, allocations familiales, assurance vieillesse – régime de base et retraite complémentaire –, CSG/CRDS). Dès lors que vous ne réalisez pas de chiffre d'affaires, vous n'êtes pas redevable. Dans le cas inverse, il n'y a pas de mauvaises surprises car le pourcentage appliqué est constant ; vous n'aurez donc pas à faire face à des régularisations.

Attention ! Vous perdez le bénéfice du régime micro-social simplifié dès lors que vous déclarez un chiffre d'affaires nul pendant douze mois civils consécutifs, que vous dénoncez l'option auprès du RSI, que vous perdez le bénéfice du régime fiscal de la micro-entreprise (en cas de dépassement des seuils de chiffre d'affaires ou des recettes), que vous optez pour le régime fiscal du réel ou que vous n'êtes pas à jour de vos cotisations.

• L'assujettissement au régime micro-fiscal

Ce régime est réservé aux auto-entrepreneurs ou loueurs soumis au régime fiscal de la micro-entreprise qui ont opté pour le régime micro-social simplifié. Leurs revenus de l'avant-dernière année doivent être inférieurs ou égaux, pour une part de quotient familial, à la limite supérieure de la troisième tranche du barème de l'impôt sur le revenu, soit, pour l'année 2018, de 26818 € pour une personne seule à 80454 € pour un couple avec deux enfants.

Chaque mois ou chaque trimestre, le loueur déclare son chiffre d'affaires hors taxes et paye l'impôt sur le revenu dû au titre de l'activité non salariée, qui correspond à 1,7 % du CA hors taxes pour une activité de vente de marchandises ou de fourniture de logement. Il ne s'agit cependant que d'une option, et les propriétaires ont le choix de conserver leur régime micro-fiscal antérieur.

Attention ! Vous ne pourrez plus opter pour le versement libératoire de l'impôt sur le revenu dès lors que vous perdez le bénéfice du régime micro-social simplifié, que vous dénoncez l'option auprès du RSI, ou que le montant des revenus de votre foyer fiscal excède le seuil défini.

En pratique

Vous êtes loueur de chambres d'hôtes et vous réalisez 1 000 € HT de CA par mois

- Si vous optez pour le régime micro-social uniquement (12,8 % du CA HT), le montant de vos cotisations sociales pour le mois sera de 128 €.
- Si vous optez pour le régime micro-social + le prélèvement fiscal libératoire (12,8 % + 1,7 % du CA HT), le montant de vos cotisations sociales et fiscales pour le mois sera de 145 €.

Vous êtes loueur d'un meublé et vous réalisez 1 000 € HT de CA par mois

- Si vous optez pour le régime micro-social uniquement (22 % du CA HT), le montant de vos cotisations sociales pour le mois sera de 220 €.
- Si vous optez pour le régime micro-social + le prélèvement fiscal libératoire (22 % + 1,7 % du CA HT), le montant de vos cotisations sociales et fiscales pour le mois sera de 237 €.

Vous êtes loueur d'un meublé classé meublé de tourisme et vous réalisez 1 000 € HT de CA par mois

- Si vous optez pour le régime micro-social uniquement (6 % du CA HT), le montant de vos cotisations sociales pour le mois sera de 60 €.
- Si vous optez pour le régime micro-social + le prélèvement fiscal libératoire (6 % + 1,7 % du CA HT), le montant de vos cotisations sociales et fiscales pour le mois sera de 77 €.

> Les auto-entrepreneurs sont également tenus de verser une contribution de 0,2 % à la formation professionnelle pour les loueurs.
>
> Vous trouverez un simulateur de calcul des charges sur **www.afecreation.fr**.

- **Les modalités de déclaration du chiffre d'affaires**

Chaque trimestre ou chaque mois, l'auto-entrepreneur va déclarer le montant de son chiffre d'affaires réel réalisé au cours de la période écoulée, ainsi que le montant des cotisations et contributions sociales correspondantes, calculées en appliquant le taux de cotisations au chiffre d'affaires.

Sites et blogs de référence : **www.lautoentrepreneur.fr**, **www.apce.com**.

Quelle forme juridique pour les exploitants de gîtes, locations et chambres d'hôtes inscrits au RCS ?

Le statut d'auto-entrepreneur offre une alternative aux propriétaires de gîtes et chambres d'hôtes. Néanmoins, et dans certains cas, l'immatriculation au RCS s'avère plus intéressante. Elle est obligatoire dès lors que l'activité est réputée commerçante (exercée de manière habituelle avec recherche de profits et lorsque le loueur en fait sa profession) et que le chiffre d'affaires annuel dépasse 82 800 € (seuil maximum de la micro-entreprise). Pour s'immatriculer, le porteur de projet doit s'adresser au Centre de formalité des entreprises (CFE) de la Chambre de commerce et d'industrie ou de la Chambre d'agriculture en cas d'activité agricole.

L'inscription du loueur au RCS implique l'attribution d'un statut fiscal professionnel, la tenue de registres, le paiement de cotisations sociales et l'accès à une couverture sociale. Le loueur est alors assujetti au régime social des indépendants.

L'immatriculation au RCS implique le paiement de cotisations sociales qui seront calculées en fonction de l'assiette (revenu professionnel défini en fonction du mode d'imposition fiscal attribué) et des taux applicables aux différentes branches du RSI.

Le loueur créateur d'entreprise va choisir une forme juridique en fonction de sa situation familiale et patrimoniale. Entreprise individuelle, EIRL, EURL, SARL, SNC, SASU, SA, SAS, SCI… les possibilités sont multiples. Pour faire un point précis sur chacun des statuts, nous vous conseillons de consulter le site de l'Agence pour la création d'entreprise **www.afecreation.fr**.

Les données suivantes vous donneront les premiers repères avant d'avoir recours à un professionnel qui vous proposera le cadre le plus pertinent.

Attention ! Sachez que l'inscription au RCS est incompatible avec le statut de fonctionnaire, la réglementation de certaines professions libérales et certains contrats de travail.

LE POINT DE VUE DE L'EXPERT

Entretien avec Lysiane Yvon, responsable du service juridique d'AFE,
www.afecreation.fr

Quels sont les principaux intérêts du régime de l'auto-entrepreneur ?

D'abord, il s'agit d'une procédure simplifiée et gratuite pour déclarer son activité. À l'inverse, l'immatriculation au RCS en tant qu'entreprise individuelle coûte 60 € environ. L'auto-entrepreneur est également exonéré des frais des Chambres de commerce et d'industrie qui constituent une taxe additionnelle à la CET.
Ensuite, le régime microsocial est indéniablement plus lisible et offre plus de visibilité en matière de trésorerie : le montant des charges sociales est acquitté tous les trimestres ou tous les mois, selon le principe d'un pourcentage appliqué au chiffre d'affaires effectivement réalisé. En conséquence, il n'y a pas de risque de régularisation ni de paiement de charges en cas de chiffre d'affaires nul. C'est la principale innovation de l'auto-entrepreneuriat.

Comment être sûr de faire le bon choix ?

Il faut d'abord déterminer la hauteur des investissements à réaliser.
La micro-entreprise ne permet pas de déduire les charges, ni de récupérer la TVA, par conséquent, ce régime n'est pas toujours avantageux. [...] Je conseille vivement à tous les porteurs de projets de valider leur choix auprès de la Chambre de commerce et d'industrie, d'un réseau d'accueil et d'accompagnement de créateurs d'entreprises, ou des acteurs locaux du tourisme. En revanche, pour ceux qui sont déjà en activité et qui ont atteint leur vitesse de croisière, le régime pourrait être plus avantageux d'un point de vue social et fiscal.

Devez-vous payer des cotisations sociales ?				
Location de logement meublé				
Recettes annuelles en 2019	Inférieures à 23 000 €	Entre 23 000 € et 70 000 €	Entre 70 000 € et 82 800 €	Supérieures à 82 800 €
Régime de cotisations sociales	Pas de cotisations sociales	3 possibilités : • Régime du micro-entrepreneur • Régime général • Statut de travailleur indépendant affilié à la Sécurité sociale des indépendants	2 possibilités : • Régime général • Statut de travailleur indépendant affilié à la Sécurité sociale des indépendants	Statut de travailleur indépendant affilié à la Sécurité sociale des indépendants
Location de chambres d'hôtes				
Recettes annuelles en 2019	Inférieures à 5 268 €	Comprises entre 5 268 € et 170 000 €	Supérieures à 170 000 €	
Régime de cotisations sociales	Pas de cotisations sociales	2 possibilités : • Régime du micro-entrepreneur • Statut de travailleur indépendant affilié à la Sécurité sociale des indépendants	Statut de travailleur indépendant affilié à la Sécurité sociale des indépendants	
Location de logement de tourisme classé				
Recettes annuelles en 2019	Inférieures à 23 000 €	Comprises entre 23 000 € et 82 800 €	Comprises entre 82 800 € et 170 000 €	Supérieures à 170 000 €
Régime de cotisations sociales	Pas de cotisations sociales	3 possibilités : • Régime du micro-entrepreneur • Régime général • Statut de travailleur indépendant affilié à la Sécurité sociale des indépendants	2 possibilités : • Régime du micro-entrepreneur • Statut de travailleur indépendant affilié à la Sécurité sociale des indépendants	Statut de travailleur indépendant affilié à la Sécurité sociale des indépendants

Source : ministère de l'Économie et des Finances, **www.economie.gouv.fr**.

Forme juridique, capital social et modes d'imposition		
Forme juridique	**Capital social**	**Mode d'imposition des bénéfices**
Auto-entrepreneur	X	Option n° 1 — L'auto-entrepreneur est imposé directement au titre de l'impôt sur le revenu (IR) dans la catégorie correspondant à l'activité de l'entreprise (bénéfices industriels et commerciaux, bénéfices non commerciaux). Option n° 2 — Prélèvement libératoire sur un pourcentage du chiffre d'affaires pour les auto-entrepreneurs dont le revenu fiscal de référence ne dépasse pas 26818 € (en 2016) par part de quotient familial.
Entreprise individuelle (composée uniquement de l'entrepreneur individuel)	X	Il n'y a pas d'imposition au niveau de l'entreprise. Le chef d'entreprise est imposé directement au titre de l'impôt sur le revenu, selon les règles du régime fiscal qu'il a retenu, dans la catégorie correspondant à l'activité de l'entreprise (bénéfices industriels et commerciaux, bénéfices non commerciaux ou bénéfices agricoles).
EIRL – Entrepreneur Individuel à responsabilité limitée Depuis le 1er janvier 2011, l'entrepreneur individuel peut opter pour le régime de l'EIRL et constituer un patrimoine affecté à son activité professionnelle distinct de son patrimoine personnel (ce qui lui permet d'isoler ses biens personnels des poursuites des créanciers professionnels).	X	IR dans la catégorie des bénéfices industriels et commerciaux (BIC) s'il est commerçant/artisan, des bénéfices non commerciaux (BNC) s'il est professionnel libéral. Option possible à l'IS (irrévocable et sous certaines conditions).

EURL **Entreprise unipersonnelle à responsabilité limitée** (1 seul associé, personne physique ou morale, à l'exception d'une autre EURL)	Capital social librement fixé par l'associé. Pas de minimum obligatoire. 20 % des apports en espèces sont versés obligatoirement au moment de la constitution, le solde devant être libéré dans les 5 ans.	Il n'y a pas d'imposition au niveau de la société. L'associé unique est imposé directement au titre de l'impôt sur le revenu (catégorie des bénéfices industriels et commerciaux ou des bénéfices non commerciaux). L'EURL peut cependant opter pour l'impôt sur les sociétés.
SARL **Société à responsabilité limitée** (2 associés minimum, 100 maximum, personnes physiques ou morales)	Capital social librement fixé par les associés. Pas de minimum obligatoire. 20 % des apports en espèces sont versés obligatoirement au moment de la constitution, le solde devant être libéré dans les 5 ans.	Les bénéfices sont soumis à l'impôt sur les sociétés (IS). Il est toutefois possible d'opter pour l'impôt sur le revenu si la société a moins de cinq ans et sous réserve de remplir certaines conditions.
SA **Société anonyme** (forme classique, 7 associés minimum, pas de maximum, personnes physiques ou morales)	37 000 € minimum. 50 % des apports en espèces sont versés obligatoirement au moment de la constitution, le solde devant être libéré dans les 5 ans.	
SAS/SASU **Société par actions simplifiée/Société par actions simplifiée unipersonnelle** (1 associé minimum, pas de maximum, personne physique ou morale)	Capital librement fixé par les actionnaires. 50 % des apports en espèces sont versés obligatoirement au moment de la constitution, le solde devant être libéré dans les 5 ans.	
SNC **Société en nom collectif** (2 associés minimum, pas de maximum, personnes physiques ou morales)	Il n'y a pas de minimum obligatoire. Les apports en espèces sont versés intégralement ou non à la création. Dans ce dernier cas, le solde peut faire l'objet de versements ultérieurs, sur appel de la gérance, au fur et à mesure des besoins.	Il n'y a pas d'imposition au niveau de la société. Chaque associé est personnellement imposé sur sa part de bénéfices au titre de l'impôt sur le revenu (dans la catégorie des bénéfices industriels et commerciaux). La société peut toutefois opter pour l'impôt sur les sociétés.
SCI **Société civile immobilière**	Aucun montant minimum n'est fixé pour le capital social. Le capital est constitué par les apports des associés, (en numéraire ou en nature), à l'exclusion des apports en industrie qui ne concourent pas à la formation du capital social.	Il n'y a pas d'imposition au niveau de la société. Chaque associé est personnellement imposé sur sa part de bénéfices au titre de l'impôt sur le revenu dans la catégorie de revenus qui est fonction de sa qualité. La SCI peut opter pour l'imposition à l'impôt sur les sociétés.

Source : **www.apce.com**.

5

Régimes fiscal et social du dirigeant		
Forme juridique	**Régime fiscal du dirigeant**	**Régime social du dirigeant**
Auto-entrepreneur	Impôt sur le revenu selon le régime de la micro-entreprise classique dans la catégorie correspondant à l'activité de l'entreprise ou prélèvement libératoire.	• Régime des non-salariés.
Entreprise individuelle	Impôt sur le revenu selon les règles du régime fiscal retenu dans la catégorie correspondant à l'activité de l'entreprise.	• Régime des non-salariés.
EIRL	IR (sauf option pour l'IS).	• Régime des non-salariés
EURL	Impôt sur le revenu soit dans la catégorie des bénéfices industriels et commerciaux ou des bénéfices non commerciaux (EURL à l'impôt sur le revenu), soit dans celle des traitements et salaires (EURL à l'impôt sur les sociétés).	• Si le gérant est l'associé unique : régime des non-salariés. • Si le gérant est un tiers : assimilé salarié.
SARL	Traitements et salaires si à l'IS.	• Gérant minoritaire ou égalitaire : assimilé salarié. • Gérant majoritaire : non-salarié.
SA (forme classique)	Traitements et salaires pour le président du conseil d'administration, si à l'IS.	• Le président est assimilé salarié. • Les autres membres du conseil d'administration ne sont affiliés à aucun régime social au titre de cette fonction.
SAS/SASU	Traitements et salaires pour le président, si à l'IS.	• Le président est assimilé salarié.
SNC	Impôt sur le revenu dans la catégorie des bénéfices industriels et commerciaux.	• Régime des non-salariés.
SCI	Impôt sur le revenu des associés dans la catégorie des revenus fonciers. La SCI peut opter pour l'IS, les associés ne sont personnellement redevables de l'impôt (dans la catégorie des revenus mobiliers) que lorsqu'ils perçoivent réellement des revenus de la SCI, sous forme de dividendes.	• Régime des non-salariés pour le gérant non associé sauf si reconnaissance d'un contrat de travail. • Régime des non-salariés pour le gérant associé.

Source : **www.apce.com**.

2. CONNAÎTRE LE CADRE FISCAL DE RÉFÉRENCE

Loueur professionnel ou non professionnel ?

• Les critères

Pour bénéficier du régime de loueur en meublé professionnel (LMP), il faut respecter les conditions ci-dessous.

Statut fiscal	Conditions requises
Loueur en meublé non professionnel (LMNP)	Réaliser moins de 23 000 € de CA annuel et moins de 50 % du revenu global[1]. Ne pas être inscrit au RCS en qualité de loueur en meublé.
Loueur en meublé professionnel (LMP) Art. 151 septies du Code général des impôts	Réaliser plus de 23 000 € de CA annuel (total des loyers courus, taxes comprises) et au moins 50 % du revenu global.

1. En cas de démarrage d'activité en cours d'année, le seuil de 23 000 € est ajusté en fonction du nombre de jours d'exercice de l'activité. Le loueur qui retire de cette activité un montant annuel de recettes inférieur ou égal à 23 000 €, et moins de 50 % de son revenu global, est un loueur non professionnel.

Depuis le 9 février 2018, l'obligation de s'inscrire au Registre du commerce et des sociétés (RCS) pour obtenir le statut de LMP n'est plus de rigueur. Le Conseil constitutionnel a jugé que cette obligation était contraire à la Constitution.

• Les conséquences sociales

Le loueur non professionnel non assujetti aux régimes de protection sociale

– Les revenus nets des locations meublées non professionnelles sont soumis :
  – à la contribution sociale généralisée (CSG) au taux de 8,20 % ;
  – à la contribution au remboursement de la dette sociale (CRDS) au taux de 0,5 % ;
  – au prélèvement social au taux de 4,5 % ;
  – à la contribution additionnelle au prélèvement social de 0,30 % ;
  – au prélèvement de solidarité de 2 %.

Ces taxes sont appliquées sur le bénéfice fiscal du loueur et recouvrées en même temps que l'impôt sur le revenu, à moins que leur montant cumulé ne soit inférieur à 61 €.

Le loueur professionnel assujetti aux régimes de protection sociale – Les revenus nets des locations meublées professionnelles sont, eux, soumis :

- à la contribution sociale généralisée (CSG) au taux de 7,5 % ;
- à la contribution au remboursement de la dette sociale (CRDS) au taux de 0,5 %.

Ces taxes sont appliquées sur le bénéfice fiscal du loueur et recouvrées en même temps que l'impôt sur le revenu.

Les cotisations familiales – Les cotisations d'allocations familiales sont dues par les personnes ayant un revenu supérieur à 5268 € en 2019.

- **Les conséquences fiscales**

Pour les loueurs non professionnels – Depuis la loi de finances de 2009, les déficits subis ne sont plus imputables sur les autres bénéfices industriels et commerciaux non professionnels mais uniquement sur les bénéfices de même nature, à savoir des bénéfices retirés d'une activité de location meublée exercée à titre non professionnel. Le délai de report de ces déficits est allongé de quatre ans, et donc porté à dix ans.

Les loueurs non professionnels se voient appliquer le régime des plus-values particulières (exonération ou abattement en fonction de la durée de détention). Enfin, les biens mis en location par le loueur non professionnel entrent dans l'assiette de l'impôt sur la fortune (ISF).

Pour les loueurs en meublés professionnels – Les loueurs de chambres d'hôtes, de gîtes ruraux et de meublés de tourisme sont exonérés des plus-values professionnelles à condition que l'activité soit exercée depuis au moins cinq ans et que les recettes de la location soient inférieures à 90000 € pour une exonération totale, et à 126000 € pour une exonération partielle. Enfin, les biens des loueurs professionnels n'entrent pas dans l'assiette de l'ISF.

Déterminer le bénéfice imposable

Pour comparer le coût social et fiscal de ces trois régimes, nous vous conseillons d'utiliser le simulateur proposé par l'APCE et l'Ordre des experts-comptables sur le site **www.apce.com**.

Les régimes d'imposition du loueur		
Régime d'imposition	**Montant du chiffre d'affaires de l'exercice précédent[1]**	**Règles**
Micro-entreprise	Jusqu'à 170 000 € pour la fourniture de logement et/ ou jusqu'à 70 000 € pour les prestations de services.	• Déclaration simplifiée du chiffre d'affaires (CA) sur la déclaration de revenus. • Application d'un abattement de 71 % pour les activités de fourniture de logement « meublés de tourisme » classés et de 50 % pour les prestations de services. • Comptabilité allégée : tenue d'un livre des recettes et d'un registre des achats, dispense de bilan et de compte de résultat. • Régime non accessible aux activités locatives gérées sous forme de sociétés ou soumises à la TVA.
Régime réel simplifié	Entre 170 000 € et 789 000 € pour la fourniture de logement et/ou entre 70 000 € et 238 000 € pour les prestations de services.	• Tenue d'une comptabilité avec enregistrement des créances et des dettes. • Dispense de bilan fiscal si CA inférieur à 157 000 €. • Non-majoration de 25 % en cas d'adhésion à un centre de gestion agréé ou de recours à un expert-comptable conventionné. • Réduction d'impôt de 915 € si option pour le réel.
Régime réel	Plus de 789 000 € pour la fourniture de logement et/ou plus de 238 000 € pour les prestations de services.	• Tenue complète de la comptabilité. • Non-majoration de 25 % en cas d'adhésion à un centre de gestion agréé ou de recours à un expert-comptable conventionné. • Imposition selon le résultat réel de l'activité.

1. En cas d'activité mixte, de type chambre d'hôtes, le plafond de référence est celui de la fourniture de logement au sein duquel le montant des prestations de services ne doit pas excéder son propre plafond.

Selon l'article L. 110-1 du Code du commerce, « toute entreprise de location de meublés est réputée constituer une activité commerciale ». L'activité est donc soumise au régime fiscal des bénéfices industriels et commerciaux (BIC), qu'il s'agisse de locations de gîtes ou de chambres d'hôtes, que la location soit ouverte à l'année ou seulement en saison.

Il existe trois régimes d'imposition en fonction du montant total du chiffre d'affaires HT réalisé par le loueur (voir tableau page 130).

Le régime des micro-entreprises BIC, exclusivement réservé aux personnes physiques, est largement majoritaire car il bénéficie de formalités comptables allégées. Pour autant, ce régime d'imposition n'est pas toujours le plus intéressant, notamment en cas de charges importantes ou si le résultat est déficitaire. Dans ce cas, une option pour le régime réel simplifié peut être plus favorable. Une étude comptable devra être réalisée dans tous les cas afin de vous assurer d'opter pour le régime le mieux adapté à la nature et au volume de votre activité. Enfin, si le loueur est une société passible de l'impôt sur les sociétés, c'est cet impôt qui est applicable.

Le régime spécifique de l'exploitant agricole

Dans le cadre du régime de droit commun, l'activité agricole répond aux dispositions fiscales régissant les bénéfices agricoles. L'activité issue de la location de gîtes et de chambres d'hôtes relève, quant à elle, des règles applicables aux bénéfices industriels et commerciaux. L'agriculteur doit donc établir deux comptabilités et souscrire deux déclarations.

Dans le cadre du régime dérogatoire, lorsqu'un agriculteur réalise des recettes accessoires tirées d'une activité de location en meublé, deux solutions sont possibles :

- soit l'agriculteur est au forfait et son activité accessoire pourra être imposée au titre de cette activité selon le régime des micro-entreprises BIC ;
- soit l'agriculteur est soumis au registre transitoire ou au régime du bénéfice réel. Le chiffre d'affaires tiré de cette activité peut être pris en compte pour la détermination du bénéfice agricole à condition qu'il n'excède pas 30 % du chiffre d'affaires tiré de l'activité agricole et 50 000 € (remboursement de frais et taxes inclus).

La TVA applicable au loueur

• Le taux de 5,5% sur les travaux de rénovation ou d'amélioration énergétique

Il s'applique aux travaux suivants: pose, installation et entretien de matériaux et équipements d'économie d'énergie, respectant des caractéristiques techniques et des critères de performances minimales: chaudière à condensation, pompe à chaleur, isolation thermique, appareil de régulation de chauffage ou de production d'énergie renouvelable, etc.

• Le taux de 10 % sur les travaux d'amélioration

À condition que leurs propriétaires ne soient pas soumis à la TVA, les gîtes et locations peuvent bénéficier d'une TVA réduite sur travaux à condition que l'immeuble soit achevé depuis plus de 2 ans. Ce taux de 10 % porte sur l'ensemble des travaux d'amélioration, de transformation, d'aménagement et d'entretien, ainsi que sur la fourniture des équipements et matières premières nécessaires. En cas de locaux mixtes – utilisés à la fois pour l'habitation et pour une activité professionnelle, comme les maisons d'hôtes –, l'ensemble des travaux réalisés bénéficie du taux réduit quand plus de la moitié de la surface est affectée à l'habitation. Si cette condition n'est pas respectée, seuls les travaux portant sur les surfaces d'habitation restent soumis au taux réduit.

• Les cas d'assujettissement à la TVA

Depuis le 1er janvier 1991, les locations de logements meublés à usage de location saisonnière sont exonérées de la TVA sans possibilité d'option.

Les prestations d'hébergement à caractère hôtelier ou para-hôtelier sont, en revanche, assujetties à la TVA. Ainsi, les propriétaires de chambres qui dépassent le seuil de 82 800 € de chiffre d'affaires et qui offrent au moins trois des quatre services suivants sont assujettis à la TVA:

- la fourniture du petit-déjeuner;
- le nettoyage régulier des locaux (hors ménage de fin de séjour);
- la fourniture de linge de maison;
- la réception, même non personnalisée, de la clientèle.

5

Les exploitants qui dépassent le seuil de 82 800 € factureront à leurs clients la TVA au taux réduit de 10 % sur la prestation d'hébergement (nuitée) et les petits-déjeuners, qui sont assimilés depuis le 1er juillet 2009 à des « ventes à consommer sur place ».

Attention ! Les boissons alcoolisées restent au taux normal de 20 %.

Les loueurs redevables de la TVA dont le chiffre d'affaires est inférieur à 82 800 € HT bénéficient de plein droit de la franchise en base de TVA, quel que soit leur régime d'imposition. Cette franchise permet au loueur de ne pas facturer la TVA sur les livraisons ou les prestations de service à destination du consommateur final. Lors de la facturation, il doit préciser sur la facture « TVA non applicable, article 293 B du CGI ».

La création d'activités en zone de revitalisation rurale (ZRR)

Elle permet de bénéficier d'avantages fiscaux dès lors que l'activité est située en ZRR : exonération d'impôt sur les revenus ou d'impôt sur les sociétés pour une durée de cinq ans à taux plein, puis à un taux dégressif pendant trois ans.

RESPONSABILITÉ ET ENVIRONNEMENT RÉGLEMENTAIRE DE L'ACTIVITÉ 6

1. LA RESPONSABILITÉ DE L'EXPLOITANT

Le loueur de gîtes

Comme pour votre résidence principale, il est nécessaire de vous préoccuper de l'étendue de vos responsabilités à l'égard de vos locataires. Il n'existe pas de contrainte légale, mais il est cependant conseillé d'informer votre assureur de votre nouvelle activité et d'étudier avec lui une nouvelle police d'assurances pour aller au-delà d'une simple responsabilité civile. En effet, vous devez être assuré pour les biens que vous mettez en location et les éventuels dommages causés aux locataires. De ce fait, la souscription d'une « assurance responsabilité civile professionnelle », plus protectrice, est conseillée. Il conviendra également de souscrire une assurance incendie, dégâts des eaux...

De son côté, le locataire devra souscrire une « assurance des risques locatifs » pour couvrir les dommages causés par un incendie, une explosion, un dégât des eaux... Il est fréquent que l'assurance souscrite pour son habitation personnelle s'étende à tous ses lieux de villégiature ; si tel n'est pas le cas, il convient de lui demander de procéder à cette extension et de vous en apporter la preuve.

Si un dommage important survient et que vous vous apercevez que votre locataire n'est pas correctement assuré ou pas assuré du tout, les dégâts seront pris en charge par votre assureur.

Après vous avoir indemnisé, il est en droit de lui en réclamer le remboursement. Il vous est cependant possible de demander à votre assureur de renoncer à l'avance à exercer son droit en incluant une clause « d'abandon de recours » envers vos hôtes dans le contrat d'assurance. Si votre assureur ne vous accorde pas cette clause, attirez l'attention de vos hôtes sur leur responsabilité. C'est alors leur assurance personnelle multirisque qui joue, si elle comprend l'extension de garantie « villégiature ».

En cas d'incendie, de dégât des eaux et d'accident, il convient de déclarer immédiatement le sinistre à votre assureur. La meilleure solution est d'avoir recours à une expertise avant la fin du séjour, de rédiger avec le locataire un état des lieux contradictoire mentionnant les dégâts ou, à défaut, de faire constater les dégâts par constat d'huissier. N'hésitez pas à consulter le site de la Fédération française des sociétés d'assurance, **www.ffsa.fr**.

Le loueur de chambres d'hôtes

Il est également conseillé de souscrire un contrat d'assurance adapté à la nature de votre activité d'accueil et d'aller au-delà d'une simple responsabilité civile. Si vous vous lancez dans l'activité de table d'hôtes, pensez également à vous couvrir contre les risques d'intoxication alimentaire.

2. LES RÈGLES D'URBANISME ET DE COPROPRIÉTÉ

Les bases en matière d'urbanisme

Un permis de construire est obligatoire pour toute construction neuve et pour des travaux réalisés sur un bâtiment existant ayant pour objet de changer la destination du bâtiment (par exemple, la transformation de bâtiments agricoles en habitation ou équipement touristique), d'en modifier l'aspect extérieur ou le volume de façon importante, de créer des niveaux ou des surfaces supplémentaires de plus de 20 m^2. Sachez également que le recours à un architecte est désormais obligatoire pour toute construction ou transformation soumise à une demande de permis de construire et portant sur une surface hors œuvre de plus de 150 m^2, contre 170 m^2 auparavant.

Le formulaire de demande de permis de construire est accessible auprès de votre mairie ou de la Direction départementale des territoires, DDT (ex-Direction départementale de l'équipement); vous devrez attendre de recevoir l'autorisation de construire avant de commencer les travaux.

Une déclaration de travaux est suffisante pour des ouvrages de faible importance, tels que les travaux de ravalement et modifications mineures de l'aspect extérieur, l'édification de clôtures, la construction ou la réalisation de travaux ayant pour effet de créer une surface inférieure ou égale à 20 m^2 sur un terrain supportant déjà un bâtiment. La déclaration devra préciser la nature et l'ampleur des constructions projetées; un dossier fera notamment apparaître une représentation de l'aspect extérieur de la construction après modification. La déclaration doit être adressée par lettre recommandée à la mairie.

Un délai d'un mois à compter de la réception de la déclaration préalable s'ouvre à l'administration pour vérifier si les travaux projetés sont compatibles avec les règles d'urbanisme. À l'expiration du délai d'un mois, et sauf opposition, le demandeur peut entreprendre librement les travaux, à charge pour lui de respecter les éventuelles prescriptions qui lui ont été notifiées.

Si votre hébergement se situe dans un rayon de 500 m d'une zone classée monument historique, vous vous verrez dans l'obligation de suivre des prescriptions complémentaires, par exemple dans le choix de matériaux spécifiques. Il est alors indispensable de prendre contact avec l'architecte des Bâtiments de France, responsable du service territorial de l'architecture et du patrimoine (STAP).

Copropriété : un contexte évolutif

Dans un contexte de multiplication des locations meublées en milieu urbain, la question de la copropriété est devenue un sujet sensible. Sur le principe, le règlement de copropriété peut tout à fait interdire aux copropriétaires de louer leur logement en meublé, à condition que cette interdiction soit justifiée par la destination de l'immeuble.

- S'il contient une clause d'« habitation bourgeoise exclusive », c'est-à-dire que l'immeuble est uniquement utilisé à des fins d'habitation, la location de courte durée est interdite à condition que cette interdiction ait été votée en assemblée générale à l'unanimité.

- En cas de prestation de service hôtelier (par exemple accueil, service de nettoyage, etc.), la clause d'« habitation bourgeoise exclusive » suffit à proscrire la location meublée de courte durée.
- Si la destination de l'immeuble est mixte, c'est-à-dire à usage d'habitation mais également destiné aux commerces ou professions libérales, l'activité de location ne peut être interdite par le règlement de copropriété. Cependant, la jurisprudence évolue et dans un arrêt récent, la Cour de cassation a pourtant estimé que la location de meublés touristiques avec des services para-hôteliers était contraire à l'usage mixte (à l'exclusion de toute activité commerciale ou artisanale) d'un immeuble[1].

Devant les possibles nuisances occasionnées par l'activité de loueur, il est, dans tous les cas, nécessaire d'informer sa copropriété de son projet de mise en location et de sensibiliser ses hôtes au respect de certaines règles de vie.

3. LES RÈGLES COMMERCIALES

Règles et usages communs à l'exploitation de gîtes et de chambres d'hôtes

• Une annonce publicitaire honnête

La promotion de l'hébergement par voie de presse ou sur Internet, par l'intermédiaire de vos partenaires institutionnels ou commerciaux, doit décrire honnêtement et précisément la situation du bien proposé (proximité de la mer, des pistes de ski, isolement, voisinage), ainsi que son agencement (type, superficie, nombre de pièces).

Selon le décret n° 67-128 du 14 février 1967, « toute personne qui, à l'occasion d'une location saisonnière ou d'une offre de location saisonnière d'un local meublé, en vue de l'habitation, aura fourni des renseignements manifestement inexacts sur la situation de l'immeuble, la consistance et l'état des lieux, les élé-

1. Cour de cassation le 8 mars 2018, n° 14-15.864.

ments de confort ou l'ameublement est passible d'une amende de 3750 €, qui peut atteindre 7500 € en cas de récidive ».

• La signalétique

La signalétique des hébergements touristiques obéit à une réglementation complexe. Pour rester dans la légalité, il est conseillé de s'adresser au service voirie de son département pour prendre connaissance des contraintes imposées pour les panneaux de présignalisation visibles d'une route départementale.

En effet, la signalisation touristique est très encadrée dans un nombre croissant de zones et les panneaux des hébergements devront respecter une charte, sous peine d'être arrachés. Si vous projetez d'implanter un panneau sur le territoire communal, vous devez demander une autorisation à la mairie de la commune où est située la location. Là encore, il conviendra parfois de respecter une charte établie à l'échelon communal.

• Le contrat de location

Sur le fond – Selon l'article L. 324-2 du Code du tourisme, « toute offre ou contrat de location saisonnière doit revêtir la forme écrite et contenir l'indication du prix demandé ainsi qu'un état descriptif des lieux ».

Des modèles de contrats sont disponibles à titre payant sur le site des professionnels de l'Union nationale de la propriété immobilière ou auprès de certaines librairies spécialisées.

Outre les informations de nature descriptive, le contrat devra notamment mentionner :

- le nom des parties ;
- les conditions générales de vente (assurances, dépôt de garantie, arrhes/acomptes, réalisation d'un état des lieux d'entrée et de sortie pour les gîtes, clause résolutoire…) ;
- la période de location ;
- le prix du séjour ou de la nuitée : si les charges ne sont pas incluses (elles le sont pour les chambres d'hôtes), leur nature et les modalités de calcul devront être précisées. Le montant de la taxe de séjour devra également être consigné si la commune la perçoit et qu'elle n'est pas forfaitaire ;

- le prix de prestations accessoires pour les gîtes, de type fourniture optionnelle de linge et de draps de maison ;
- la date et la signature des parties.

Le 1er juillet 1994, la commission des clauses abusives a émis une recommandation[1] visant à ce que soient éliminées des contrats de location certaines clauses, notamment :

- celles permettant au professionnel de modifier unilatéralement les conditions initiales du contrat, ou de résilier celui-ci en se contentant de rembourser les sommes versées et en excluant toute indemnité ;
- celles prévoyant que, en cas de dédit du consommateur, celui-ci sera débiteur de la totalité du prix de location, sans mettre à la charge du professionnel une obligation équivalente.

Le contrat devra être établi en deux exemplaires et adressé au futur locataire, qui le retournera au propriétaire signé et accompagné d'arrhes ou d'un acompte, afin que la réservation soit ferme.

Sur la forme – Dans la même recommandation, la commission des clauses abusives a demandé que les contrats proposés aux consommateurs soient imprimés en caractères suffisamment lisibles.

• L'état descriptif

Selon l'arrêté du 16 mai 1967, le loueur est dans l'obligation de remettre au futur locataire, avant la signature du contrat de location, un état descriptif qui peut être complété, selon les cas, par l'inventaire du matériel de cuisine, les conditions d'assurance, et des informations utiles telles que la proximité des commerces ou les moyens de transport. Selon l'article R. 113-1 du Code de la consommation, l'absence d'état descriptif est passible d'une amende pouvant atteindre 1 500 €.

• Arrhes ou acomptes ?

Afin de garantir la réservation, le propriétaire peut solliciter le versement d'une somme à valoir sur le prix total de la location selon deux modalités bien distinctes :

- les arrhes permettent au locataire d'annuler le contrat moyennant la perte de la somme versée. Si c'est le propriétaire qui annule la réservation, il est redevable au locataire du double des arrhes. Attention : si rien n'est précisé

1. *Bulletin Officiel,* BOCCRF du 27 octobre 1994.

6

dans le contrat, les sommes versées d'avance sont considérées comme des arrhes. Le taux des arrhes ne peut être supérieur à 25 % du montant total du séjour et son paiement doit intervenir moins de six mois avant le début du séjour ;

- l'acompte engage définitivement les deux parties sans possibilité d'annulation sauf cas de force majeure, à savoir un événement « extérieur, imprévisible, irrésistible et insurmontable ». Si le locataire annule tout de même le contrat, le propriétaire a la possibilité de lui réclamer la totalité du prix du séjour. Si, à l'inverse, l'annulation est le fait du propriétaire, le locataire peut solliciter une indemnisation pour le préjudice subi.

En pratique

Nos amis les bêtes

Depuis 2011[1], toute clause d'un contrat de location saisonnière interdisant l'accès à la location aux animaux est formellement interdite. Cette interprétation stricte de la loi du 9 juillet 2011 s'impose à ce jour aux seuls propriétaires de gîtes et autres meublés de tourisme. La seule dérogation possible concerne les éventuels problèmes de santé du loueur, comme les allergies, à condition qu'il puisse produire un justificatif.

En revanche, le loueur a tout loisir de définir des règles concernant l'accès des animaux à la location : supplément par animal, participation complémentaire aux frais de ménage de fin de séjour, caution complémentaire, police d'assurance spécifique « animaux »...

1. Cour de cassation, 3 février 2011.

• La garantie de bonnes conditions de jouissance

Selon l'article 1721 du Code civil, le propriétaire doit délivrer un logement conforme à la description qu'il en a fait et exempt de vices empêchant son usage normal et tranquille. Le logement doit également être en bon état de propreté et le propriétaire doit garantir le locataire contre d'éventuels vices cachés.

- **En cas de litige**

Un arrangement amiable est toujours souhaitable. Sachez cependant que les relations entre le loueur et le locataire sont réglées par des dispositions d'ordre civil, dont la contestation relève de la juridiction civile : tribunal d'instance ou de grande instance.

Règles propres à l'exploitation de gîtes

- **L'état des lieux**

Il est conseillé d'établir un état des lieux contradictoire lors de l'arrivée du locataire afin de prévenir toute contestation sur la responsabilité de dégradations éventuelles pendant le séjour. Le document devra préciser l'ensemble des éléments qui composent l'hébergement (électroménager, mobilier, décoration, vaisselle…) et apprécier leur état : neuf, bon état, état d'usage… Il peut également mentionner le relevé des compteurs d'eau et d'électricité lorsque la consommation est incluse, au forfait, dans le coût du séjour. En l'absence d'état des lieux d'entrée, l'article 1731 du Code civil prévoit que « le preneur est présumé les avoir reçus en bon état de réparations locatives et doit les rendre tels ».

À la fin du séjour, demandez à vos hôtes de déclarer d'éventuelles dégradations et dressez, dans tous les cas, un état des lieux de sortie. Il est réalisé en présence du locataire, qui en conservera le double. Le relevé d'une consommation d'eau et d'électricité supérieure au forfait pourra donner lieu au paiement du reliquat.

- **La caution ou le dépôt de garantie**

À condition de le stipuler dans le contrat de location, vous pouvez solliciter le paiement d'une caution ou d'un dépôt de garantie. Le montant ne peut excéder la moitié du montant du loyer et sera restitué, en l'absence de dégradations, le jour du départ du locataire ou dans les quinze jours suivants. Son montant, qui se situe en pratique autour de 20 % à 25 % du montant total, et ses conditions de restitution doivent être également prévus au contrat.

Règles propres à l'exploitation de chambres d'hôtes

• L'affichage des prix

Conformément à l'arrêté du 18 octobre 1998, les prix de la location des chambres et le prix du petit-déjeuner doivent être affichés à l'extérieur et à l'intérieur du bâtiment (à la réception et derrière la porte d'entrée de chaque chambre).

S'il existe plusieurs prix selon les catégories de chambres ou en fonction du nombre d'hôtes, tous les prix doivent être affichés à l'extérieur et à la réception. Notez que les prix s'entendent toujours petit-déjeuner inclus. Si des prestations annexes de type table d'hôtes sont proposées, les prix doivent également être affichés à l'extérieur et à l'intérieur du bâtiment.

Conformément à l'arrêté du 3 décembre 1987, toute information sur les prix de produits ou de services doit faire apparaître, quel que soit le support utilisé, la somme totale toutes taxes comprises exprimée en euros qui devra être effectivement payée par le consommateur.

Tout manquement à la réglementation relative à l'information des consommateurs est puni d'une amende de 1 500 €.

Selon l'article L. 122-1 du Code de la consommation, sachez qu'il est interdit de refuser à un consommateur la vente d'un produit ou la prestation d'un service (vente d'une seule nuit, par exemple), sauf motif légitime, et de subordonner la vente d'un produit ou d'une prestation à l'achat d'une quantité imposée (par exemple, la vente à partir de 2 ou 3 nuits minimum).

• La délivrance d'une note

Conformément à l'arrêté n° 25361 du 8 juin 1967, l'exploitant doit remettre une note à chaque client. L'original lui est remis au moment du paiement, le double est classé par ordre chronologique et conservé pendant deux ans par l'exploitant.

Celui-ci sera tenu, durant ce délai, de le présenter à toute réquisition des agents qualifiés.

La note indique :

- la date de rédaction ;
- le nom et l'adresse du prestataire ;
- le nom du client, sauf opposition de celui-ci ;

- la date et le lieu d'exécution de la prestation ;
- le décompte détaillé en quantité (nuitées) et le prix de chaque prestation ;
- la somme totale à payer.

La location d'une chambre nécessite également la signature d'un contrat de location détaillé.

• Plus de licence requise pour les petits-déjeuners

Par souci de simplification administrative, le projet de loi de développement et de modernisation des services touristiques a supprimé la licence de première catégorie (voir page 101) lorsque la fourniture des boissons non alcoolisées est l'accessoire d'une prestation d'hébergement, ce qui est notamment le cas des petits-déjeuners en chambres d'hôtes.

4. LES RÈGLES DE PRÉVENTION ET DE SÉCURITÉ

Dans l'aménagement de l'hébergement

Un certain nombre de dispositifs de sécurité s'imposent aux loueurs de gîtes et de chambres d'hôtes. Sans prétendre à l'exhaustivité, voici quelques points de vigilance à respecter. Pour un complément d'information, n'hésitez pas à contacter le CAUE de votre département (**www.fncaue.fr**) ou votre conseiller en matière de mise en conformité d'installations électriques (**www.consuel.com**).

• Les lits superposés et la literie

Le décret du 25 août 1995 relatif à la prévention des risques résultant de l'usage des lits superposés dans les lieux domestiques ou en collectivité impose l'emploi d'une mention avertissant le consommateur que « le couchage en hauteur ne convient pas à des enfants de moins de six ans ».

Cette mention doit être apposée sur les lits superposés de manière lisible, visible et indélébile. Les articles de literie doivent satisfaire à l'exigence de non-allumabilité et, pour ceux qui comportent des plumes ou du duvet, à l'exigence d'hygiène. Ces exigences sont attestées par l'apposition soit sur le produit, soit sur son emballage, soit sur un document d'accompagnement, d'une mention visible, lisible et indélébile indiquant « conforme aux exigences du décret n° 2000-164 du 23 février 2000 », ainsi que d'une indication du nom ou de la raison sociale du responsable de la mise sur le marché.

- **Le Code de la construction**

Son article R. 111-15 réglemente les hauteurs de fenêtres, barrières, garde-corps… Il stipule, par exemple, que « les fenêtres autres que celles ouvrant sur des balcons, terrasses ou galeries et dont les parties basses se trouvent à moins de 0,90 m du plancher doivent, si elles sont au-dessus du rez-de-chaussée, être pourvues d'une barre d'appui et d'un élément de protection s'élevant au moins jusqu'à un mètre du plancher ».

De même, il précise que « les garde-corps des balcons, terrasses, galeries, loggias, doivent avoir une hauteur d'au moins un mètre ; toutefois, cette hauteur peut être abaissée jusqu'à 0,80 mètre au cas où le garde-corps a plus de cinquante centimètres d'épaisseur ». L'ensemble de la réglementation est disponible sur le site de l'Afnor, **www.afnor.fr**.

La sécurité incendie

Les gîtes et chambres d'hôtes appartiennent à la catégorie des bâtiments d'habitation ; en conséquence, leurs propriétaires sont tenus d'équiper l'hébergement d'un extincteur. Depuis le 8 mars 2015, tous les lieux d'habitation doivent également être équipés d'au minimum un détecteur de fumée normalisé et certifié NF EN 14604. Selon l'arrêté du 16 juillet 2007, les gîtes qui proposent plus de 5 chambres ou accueillent plus de 15 personnes sont assimilés à la catégorie des établissements recevant du public (ERP) de 5e catégorie. Ils obéissent en conséquence à des normes de sécurité incendie spécifiques qui requièrent notamment l'installation, cette fois-ci obligatoire, de détecteurs de fumée, d'extincteurs, d'issues de secours…

L'ouverture d'un gîte entrant dans la catégorie des ERP est soumise à une procédure de déclaration et d'autorisation en mairie. Elle est subordonnée à l'avis favorable de la commission communale de sécurité convoquée par le maire de la commune. Pour vérifier que votre hébergement entre dans cette catégorie et pour connaître l'intégralité des aménagements à réaliser, contactez le service départemental d'incendie et de secours (SDIS).

Les piscines

Réglementée par la loi du 3 janvier 2003 et par deux décrets du 31 décembre 2003 et du 7 juin 2004, la sécurité des piscines fait l'objet de toutes les vigilances. Sont concernées les piscines privées à usage individuel ou collectif de plein air, dont le bassin est enterré ou semi-enterré. Les gîtes et chambres d'hôtes tombent naturellement sous le coup de la législation. Seules ne sont pas concernées les piscines situées dans un bâtiment, posées sur le sol, gonflables ou démontables, ainsi que les « établissements de natation » d'accès payant et qui font l'objet d'une surveillance par un maître-nageur sauveteur. Les propriétaires de piscines doivent installer un des quatre dispositifs homologués prévus par le décret du 7 juin 2004 :

- des barrières de protection (norme NF P90-306) ;
- des couvertures (norme NF P90-308) ;
- des abris (norme NF P90-309) ;
- des alarmes (norme NF P90-307).

Le devoir d'information sur les zones à risque

L'article L. 125-5 du Code de l'environnement prévoit que la location de biens situés dans des zones couvertes par un plan de prévention des risques naturels (PPRN) ou technologiques (PPRT) doit s'accompagner d'une information sur l'existence de ces risques.

Depuis le 1er juin 2006, l'état des risques naturels et technologiques doit être fourni à tout nouveau locataire ; il est intégré au dossier de diagnostic technique à chaque changement de locataire et est établi à partir des informations mises à disposition par le préfet et selon un modèle type défini par arrêté. Il doit avoir été établi moins de six mois avant la date de conclusion du contrat de location établi par écrit.

COMMERCIALISER SON HÉBERGEMENT 7

1. LE RECOURS AUX INTERMÉDIAIRES

Recourir à un intermédiaire offre un gain de temps et une certaine tranquillité. Selon les modalités de commercialisation et contre rémunération, ce *modus operandi* sécurise les transactions et allège le volet administratif de la mise en location. Aujourd'hui, aux côtés des centrales de réservation classiques a émergé un ensemble d'opérateurs on-line très puissants.

Les centrales de réservation

Elles prélèvent de 10 % à 15 % en moyenne du prix du séjour.

Les centrales de réservation « traditionnelles » sont affilées aux CDT, CRT ou labels. Elles proposent à leurs adhérents une prise en charge totale de la commercialisation de leur hébergement en échange d'une commission sur la vente de chaque séjour. Intermédiaires entre le client et le propriétaire, elles traitent les demandes d'information et règlent toutes les formalités administratives : réservation, contrat de location, assurances, dépôt de garantie…

Cette option est très sécurisante pour les propriétaires qui souhaitent déléguer une partie de leur activité. Lorsque la délégation est exclusive, la centrale gère jusqu'au planning du propriétaire, qui se recentre alors essentiellement sur le volet accueil et entretien de son activité.

Les agences de voyages en ligne (Online Travel Agency *ou OTA)*

Aujourd'hui, les OTAs sont les principaux acteurs du marché avec 40 % des ventes totales d'hébergement. Selon une étude de Phocuswright, ce chiffre devrait atteindre 43 % des ventes en ligne en 2020. Ténor du secteur, Booking, à lui seul, représente plus de 45 % du volume d'affaires total des ventes effectuées par les agences en ligne. On compte également les incontournables Airbnb, Abritel, Homelidays... De nouveaux opérateurs (homerez, smoobu, tokeet) permettent aujourd'hui de diffuser votre logement sur plusieurs sites à la fois et dans plusieurs langues tout en mettant automatiquement à jour les calendriers dès qu'une réservation est effectuée. Certains proposent également de gérer les demandes de réservation dans plusieurs langues avec des équipes multilingues. Cela permet d'optimiser les périodes de location mais a un coût non négligeable (abonnement mensuel ou pourcentage sur le chiffre d'affaires) qui s'ajoute aux coûts des OTAs.

Régulièrement montrés du doigt en raison des liens de dépendance qu'ils créent sur le secteur de l'hébergement touristique[1], ces opérateurs sont efficaces grâce à leur visibilité et leur stratégie de webmarketing agressive. Outre la commercialisation *via* leurs portails, les OTAs apportent cependant, grâce à leur stratégie marketing pointue, une visibilité indéniable qui permet parfois de réaliser des ventes ultérieures en direct, à condition notamment d'être doté d'un site internet intégrant dans le meilleur des cas un module de réservation en ligne.

Parlons chiffres. Une étude publiée dans le livre cité en référence indique que sur 700 hôteliers et restaurateurs, plus de 67 % des professionnels interrogés ont aujourd'hui un partenariat avec un intermédiaire. La part de leur chiffre d'affaires réalisée *via* ces partenariats est comprise entre 20 et 50 % pour plus de 47 % d'entre eux[2]. Pour ce qui est des gîtes, locations et chambres d'hôtes, on sait que les gîtes représentent pas moins de 20 % des hébergements présentés sur Booking, contre 8 % seulement il y a 5 ans et les chambres d'hôtes 17 %, soit près de 40 % de l'offre de l'OTA. Dans les pays européens, ils peuvent représenter de 30 à 50 % du total des offres selon les pays[3], c'est dire le poids de ces plateformes sur le secteur.

---

1. Pour aller plus loin, « Centrales de réservation, y aller ou pas », *Accueillir Magazine*, n° 56, mars-avril 2015 et *Addi(c)tion, le hold-up des intermédiaires du tourisme en ligne* de Rémi Ohayon, Page d'Écriture, 2013.
2. **www.tourmag.com**, 7 octobre 2013, interview de Rémi Ohayon.
3. **http://blog.elloha.com/**

Pour commercialiser son hébergement *via* ces plateformes, le loueur devra consentir une commission sur chaque séjour de l'ordre de 3 % à 5 % (Airbnb), 16 % (Booking.com), 12 % ou 15 % (Tripadvisor.com).

LE POINT DE VUE DE L'EXPERT

OTA : un peu, beaucoup, à la folie, pas du tout ?

Entretien avec Mathieu Bruc, blogueur e-tourisme et consultant Tourisme Digital

Quels sont les principaux OTA présents sur le secteur en France ?

La particularité française tient à la fragmentation du marché du voyage en ligne, avec de nombreux OTA qui se partagent les parts de marché. La Fevad publie régulièrement un classement des 10 premiers sites e-tourisme en termes de fréquentation : Booking.com et Airbnb tirent clairement leur épingle du jeu. Par ailleurs TripAdvisor, plateforme d'avis de voyageurs, joue aussi un rôle considérable pour le secteur du locatif.

En quoi pèsent-ils sur le secteur des gîtes et chambres d'hôtes ?

Les OTA apparaissent comme un nouveau canal de distribution qui séduit les prestataires avec des solutions technologiques très performantes, des budgets de promotion colossaux et un fort taux de conversion des internautes. Gare toutefois aux conséquences qui peuvent être désastreuses pour les hébergeurs sur la pérennité de leur activité : installation d'une dépendance, préemption de leur clientèle et diminution de leur chiffre d'affaires en direct. Des acteurs traditionnels de réservation d'hébergements touristiques comme les Gîtes de France perdent du terrain et doivent saisir l'opportunité de se renouveler à tous les niveaux. En mettant l'expérience au centre d'un marketing très efficace, des plateformes comme Airbnb font émerger fortement l'offre des particuliers qui vient concurrencer l'offre des professionnels sur un même niveau de visibilité, mais sans les mêmes contraintes réglementaires et fiscales, difficile de lutter.

Quels conseils donneriez-vous à un loueur avant de nouer un partenariat avec une plateforme de location ?

Tout dépend d'abord des loueurs. Pour ceux qui ont un bon marketing mix (Produit, Prix, Place (distribution) et Promotion (communication)), ils pourraient selon moi presque s'en passer et mettre tout en œuvre pour favoriser la réservation en direct. Pour les autres, les plateformes de location sont une brique indispensable à toute stratégie de commercialisation globale sur Internet. Il n'est donc pas question de s'en passer, mais de moins en dépendre, de tirer le maximum de bénéfices de cette « collaboration ». Il faut savoir « manipuler » ces OTA avec prudence, rester maître de sa commercialisation, et – cela peut paraître contradictoire – le premier conseil est de favoriser au maximum la vente en direct. Il est ensuite essentiel d'avoir un produit en cohérence avec la plateforme. Sur Booking.com, on va davantage chercher une chambre fonctionnelle, avec du service et un bon emplacement. Sur Airbnb, on va privilégier un logement qui offre un bon rapport qualité-prix, une immersion dans la vie locale et un accueil personnalisé. Pour ce qui est des chambres d'hôtes, je conseillerais de ne pas commercialiser toutes les chambres d'une même maison d'hôtes. Et puis, il faut se doter d'outils performants permettant d'interfacer plusieurs plannings de disponibilité. Ainsi, les propriétaires n'auront qu'à ouvrir aux OTA les périodes sur lesquelles ils sont quasiment sûrs de ne pas remplir et bloquer les autres périodes. C'est dommage de payer un commissionnement élevé et fluctuant sur des périodes qu'ils peuvent louer par eux-mêmes, *via* leur propre site Web. Il peut également être utile de tester différentes plateformes et de ne pas faire reposer toute sa commercialisation sur une seule. Avant de signer avec une OTA, il faudra bien lire toutes les conditions générales de vente, même si cela peut paraître fastidieux, et comparer les commissions pratiquées. On pourra aussi jouer sur les différents leviers de visibilité proposés à l'intérieur les différentes plateformes (prix, taux de commission, promotions, fonctionnalités de contact direct, etc.), analyser régulièrement les résultats en termes de ventes, de périodes et de clients pour adapter la commercialisation et sélectionner son ou ses OTA partenaires. Enfin, il faut savoir que des plateformes éthiques existent, c'est le cas de Fairbooking qui propose une alternative aux centrales de réservation en ligne. Dernier conseil, et non des moindres : se tenir informer car le secteur évolue très vite. N'hésitez pas à vous inscrire à des newsletters spécialisées.

7

En bref

OTA : les plus et les moins par Mathieu Bruc, blogueur e-tourisme et consultant Tourisme Digital

Les plus	• Notoriété de l'OTA. • Visibilité et accessibilité de l'offre, notamment auprès des clientèles internationales. • Stratégie marketing offensive. • Fort taux de conversion entre les visites des internautes et les ventes. • L'« effet billboard » : ce type de partenariat favorise les chances de réaliser des ventes en direct. • Des initiatives collectives et éthiques, comme Fairbooking. • Des initiatives individuelles dans l'investissement technologie et mix-marketing pour générer davantage de flux directs. • L'éducation des clients aux bienfaits de la réservation en direct.
Les moins	• Un taux de commission important (15 % à 30 %). • Cannibalisation de la clientèle : moins de réservations en direct. • Bilan mitigé de la fin de la parité tarifaire décidée par la loi Macron. Pour rappel, elle a interdit les clauses exigeant des hébergeurs que leurs tarifs soient identiques sur les sites des OTAS et leurs propres sites alors même qu'il n'y avait pas de commission lorsque la réservation était réalisée sans l'intermédiaire d'une OTA. Les prestataires sont certes plus autonomes mais les plateformes incitent fortement à pratiquer des tarifs très attractifs en échange de leur bon positionnement. • La pollution de la e-réputation, avec notamment le brandjacking, consistant à l'achat du nom commercial de l'hébergeur dans les moteurs de recherche. Par exemple, Booking.com, grâce à des budgets AdWords colossaux, aura une plus grande visibilité en référencement sur le nom de la structure que le propre site Internet du propriétaire. • La perte des données clients. Par exemple, Booking.com conserve l'intégralité des données pour les réservations passant par son intermédiaire et communique aux propriétaires une adresse client @booking.com. Le propriétaire n'a ainsi aucun moyen de récupérer et d'exploiter les données clients pour fidéliser et les inciter à passer en direct pour un prochain séjour.

Les agences immobilières

Le recours à une agence immobilière est courant dans les zones très touristiques. Les propriétaires qui ne résident généralement pas dans le département délèguent la gestion de leur hébergement jusqu'à l'accueil des touristes. Les frais de gestion sont, en principe, payés par le locataire. Les agences font la promotion de leur parc de locations saisonnières sur Internet et par voie de presse.

2. LA LOCATION DIRECTE

Le loueur prend en charge l'intégralité de la gestion administrative et commerciale de l'hébergement. Cette option demande plus de disponibilité, mais présente l'avantage de gérer son activité en toute indépendance.

En contrepartie, le propriétaire devra mettre en œuvre d'importants moyens de communication pour se faire connaître, assurer la promotion d'une offre diversifiée et s'entourer de sites partenaires proposant la vente de séjours en ligne. Sa stratégie commerciale devra inclure des offres promotionnelles à destination de niches de clientèles, de préférence en basse saison.

Le loueur pourra également se doter d'outils de vente en ligne en ayant recours à des opérateurs privés, tels que PayPal. Il garantit la sécurité des transactions et le loueur peut souscrire une offre imputant de 1,4 % à 3,4 % du montant de la location et un coût forfaitaire fixe de 0,25 € par transaction (**www.paypal.com**).

Le propriétaire peut, enfin, conclure un partenariat avec une ou des centrales et commercialiser en direct. Dans certains cas, la centrale peut réserver une certaine période (de cinq semaines en moyenne) pendant laquelle la commercialisation ne peut intervenir que par son intermédiaire. En dehors de cette restriction, le propriétaire pourra conclure des contrats en direct.

7

En bref

Le b.a.-ba de la commercialisation

Pour mettre toutes les chances de votre côté, plusieurs principes sont à suivre.

- Offrez des transactions commerciales sécurisées.
- Multipliez les canaux de distribution.
- Diversifiez votre offre.
- Développez une stratégie d'offres promotionnelles.
- Garantissez l'accessibilité du bien en ligne (vente en ligne).

3. LE BOOM DES COFFRETS CADEAUX

Le propriétaire peut monter une opération coffret cadeau avec un opérateur spécialisé en passant par sa centrale de réservation ou en direct.

L'opérateur lui propose d'intégrer une catégorie de séjours en fonction du niveau de confort de son hébergement, de la nature des prestations proposées ou de la destination. Le même prix est appliqué à tous les hébergements de la même catégorie sans que le propriétaire ait, en principe, la possibilité de le négocier. De son côté, le destinataire du coffret réserve son séjour dans des conditions normales et remet son chèque cadeau au loueur. À réception du chèque, l'opérateur prendra une commission sur le montant total du séjour et reversera la somme initialement convenue au loueur.

En raison du prix fixe imposé par l'opérateur, le propriétaire devra parfois consentir de très gros efforts financiers. Il est difficile de résister à une offre si attractive, garantissant une présence en grande surface, mais assurez-vous avant toute chose de la rentabilité de l'opération ; cette voie de commercialisation n'est peut-être, tout simplement, pas la vôtre.

En effet, que ce soit du côté du propriétaire de l'hébergement ou du côté des bénéficiaires, le coffret cadeau suscite de nombreuses critiques. Pour les hébergeurs, le prix n'est pas toujours en rapport avec la prestation ; alors que l'objectif est de louer en période creuse, ils sont très souvent sollicités lorsque la saison bat son plein, les délais de paiement sont relativement longs…

De leur côté, les « heureux bénéficiaires » dénoncent régulièrement des difficultés à effectuer une réservation, des prestations au rabais ou non comprises dans le coffret cadeau...

Afin d'encadrer davantage ce type de séjours, la loi de développement et de modernisation des services touristiques du 7 juillet 2009 a soumis les opérateurs de coffrets cadeaux proposant des prestations touristiques aux mêmes règles de responsabilité que les agences de voyages (garantie financière, responsabilité civile, délivrance d'informations préalables obligatoires avant la vente...).

Pour aller plus loin, voir la fiche pratique J 263-juin 2015 de l'Institut national de la consommation sur **www.conso.net**.

4. LE RÉFLEXE CHÈQUE-VACANCES

L'Agence nationale pour les chèques-vacances (ANCV, **www.ancv.com**) est un partenaire de choix pour tous les propriétaires qui ne souhaitent pas passer à côté des bénéficiaires de chèques-vacances. Ce mode de paiement est distribué par l'intermédiaire des entreprises, des comités d'entreprise, des collectivités locales... Une adhésion à l'ANCV permet de sécuriser les paiements puisque les chèques, de 10 et 20 €, sont prépayés par l'utilisateur et imprimés sur papier sécurisé ; elle permet surtout de profiter de la manne des bénéficiaires, soit 7 millions de Français.

Une manne qui n'est pas considérée comme suffisante par le législateur, qui a souhaité, *via* la loi de développement et de modernisation des services touristiques, faciliter la diffusion des chèques-vacances dans les entreprises de moins de 50 salariés. L'ANCV compte 4 millions de bénéficiaires de chèques-vacances en France. 30 % des chèques-vacances sont utilisés pour l'hébergement.

Pour accepter ce mode de paiement, il convient d'adhérer à l'ANCV en se dotant au préalable d'un numéro SIRET ; la demande d'adhésion peut ensuite être effectuée en ligne.

Une commission de 1 % sera retenue sur la valeur des chèques-vacances pour frais de gestion. Le remboursement est effectué par virement bancaire dans un délai de 21 jours maximum après réception de la remise des chèques-vacances. L'adhésion à l'ANCV permet de bénéficier d'outils de promotion et de diffuser gratuitement des offres promotionnelles sur le site national.

METTRE EN PLACE UNE STRATÉGIE DE COMMUNICATION

8

1. LES OUTILS DE PROMOTION DU LOUEUR

- 53 % des voyageurs français ont réservé et payé en ligne tout ou partie de leurs séjours sur Internet (contre 50 % en 2016).
- 79 % des Français partis ont consulté des sites ou des applications pour préparer leur séjour.
- 58 % ont utilisé leur téléphone mobile ou leur tablette pour planifier leurs déplacements loisirs.

Source : Baromètre Opodo 2018.

Stratégie e-tourisme : où placer le curseur ?

La stratégie e-tourisme sera définie en fonction du contexte concurrentiel, des objectifs de développement du loueur et de sa capacité d'hébergement.

Voici 3 modèles possibles :

Stratégies e-tourisme			
	Type d'hébergement	**Niveau de concurrence**	**Actions e-tourisme**
Dispositif 1	1 chambre d'hôtes 1 gîte	Faible	• Création d'un site Internet • Inscription dans des annuaires spécialisés
Dispositif 2	2 à 3 chambres d'hôtes ou 1 gîte	Moyenne	Dispositif 1 + • Inscription sur des plateformes d'avis et de commentaires (TripAdvisor, Vinivi ou HolidayCheck) • Inscription sur des plateformes multimédias (Picasa, Youtube ou Issuu) • Création d'une page Fan Facebook
Dispositif 3	4 à 5 chambres d'hôtes ou 1 gîte	Élevée	Dispositifs 1 et 2 + • Référencement payant • M-tourisme : avoir un site Web compatible smartphones/tablettes et être présent sur une application telle que « Où dormir ? »
			Source : Agence Guest & Strategy.

Le site Web de votre hébergement

• Le Web et le loueur : quelques conseils de base

Les sites de gîtes et de chambres d'hôtes sont plus ou moins conçus selon le même cahier des charges. Ivan Reynier, webdesigner dans les Alpes-de-Haute-Provence s'est spécialisé dans la création de sites dédiés aux gîtes et aux chambres d'hôtes. Ses réalisations nous ayant semblé exemplaires, nous l'avons sollicité afin qu'il nous livre, en quelques mots, les secrets d'une bonne gestion de site.

8

- **Les options de réalisation d'un site Web**

Option 1 – Réaliser un site Web est aujourd'hui accessible à tous au moyen de logiciels relativement simples d'utilisation. Cette option est conseillée à tous ceux qui ont un attrait pour la toile et l'informatique. Le résultat est généralement satisfaisant, mais n'est pas toujours à la hauteur en matière de création graphique.

Option 2 – Vous pouvez faire appel à un prestataire, webmaster ou agence Web si possible, spécialisé dans la création de site d'hébergements touristiques. Ils proposent des forfaits allant de la création du site à son administration. Vous aurez, en effet, le choix entre déléguer cette partie (modification de textes, de tarifs, publication d'offres promotionnelles…) ou la prendre en main. Dans ce dernier cas, votre prestataire vous fournira, en sus, tous les outils utiles à l'administration directe du site. Dans l'hypothèse d'une sous-traitance, il vous demandera de définir un cahier des charges précisant votre projet de site. Plus le niveau des prestations demandées sera élevé (ajout de pages, de modules d'animation, de films vidéo…), plus le coût de réalisation le sera.

LE POINT DE VUE DE L'EXPERT

Le Web et le loueur en 9 mots clés

Ivan Reynier, webdesigner,
www.ivan-reynier.com

I comme implication – Il est indispensable de préparer son projet de site. Graphiquement, cela va consister à référencer les sites qui vous plaisent. Concernant le contenu, il convient d'examiner ce que fait la concurrence, de retenir les meilleures idées et de soigner la rédaction des textes.

G comme gestion des contenus – Il est préférable de se réserver la possibilité de gérer en direct un encart ou une page d'actualité ; cette option s'avère très pratique pour faire la promotion d'offres de dernière minute, en cas de désistement tardif notamment.

M comme maintenance – Elle doit être prévue dans le contrat afin de ne pas avoir de mauvaises surprises ou être arrêtée forfaitairement, à l'heure par exemple. Cette prestation doit être détaillée ; il faut préciser si elle englobe la mise à jour des contenus, de la charte graphique, la veille promotionnelle (comptes rendus statistiques, suivi de promotion…).

M comme mails – Il convient de les consulter régulièrement, au moins une fois par jour, afin d'être le plus réactif possible dans le traitement des demandes de renseignement et de réservation.

P comme prestataire – Il est important de ne jamais rien signer lors de la première rencontre. N'hésitez pas à solliciter plusieurs devis ; ceux-ci doivent comprendre l'ensemble des étapes du projet (arborescence, charte graphique, langues, contenus, technologies utilisées, référencement, nom de domaine, hébergement, maintenance, tarifs, conditions de paiement…). Attention aux arnaques et aux fausses bonnes affaires ; si cela vous paraît peu cher, c'est que le contrat d'engagement cache peut-être des mauvaises surprises. Veillez donc à vous renseigner sur la société et à rencontrer physiquement votre prestataire avec qui vous arrêterez un programme de rencontres régulier : une seule visite ne peut raisonnablement suffire pour élaborer un devis complet ou mener à terme la création d'un site Web.

P comme photos – C'est l'élément qui a le plus d'impact auprès des internautes. Les prises de vue nécessitent une mise en scène, une bonne luminosité et des éléments de décoration. N'hésitez pas à dresser la table des petits-déjeuners pour l'occasion…

R comme référencement – En début de projet, vous devrez aider votre prestataire dans le choix de mots-clés pertinents. Vous lui demanderez également la liste des sites qui proposent un lien vers votre site ; il peut s'agir de sites généralistes ou spécialisés. Il est préférable d'avoir recours à la publicité payante, sur des sites de petites annonces par exemple, à condition de vous être assuré que le site est performant. Cette action suppose une mise à jour régulière de la fiche de l'hébergement. Demandez à disposer d'un outil statistique (nombre de visiteurs, mots-clés dans les moteurs et sites référents).

S comme sources du projet – Une fois le site lancé, il convient de récupérer auprès de son prestataire tous les codes d'accès (domaine, hébergement, e-mail, statistiques…).

V comme veille – N'oubliez pas de communiquer largement l'adresse de votre site (signature des e-mails, cartes de visite, plaquette…).

• Le contenu

La page d'accueil – Elle doit être riche en contenu éditorial afin d'obtenir un meilleur référencement sur les principaux moteurs de recherche. Vous pouvez présenter l'esprit de votre hébergement, en faire un descriptif exhaustif (capacité d'accueil, surfaces, environnement…) et présenter ses principaux atouts. La page d'accueil doit également servir de prétexte à faire connaissance avec les propriétaires : le ton est personnalisé et vous mettez en avant la qualité de votre accueil et votre disponibilité.

Pour des impératifs de référencement, il peut être judicieux de préciser la diversité de votre offre (vacances en famille, séjours seniors, escapades amoureuses, séjours à thème, tourisme d'affaires et séminaires, insolite…). En page d'accueil, on retrouvera également des liens vers les comptes d'hébergement sur les réseaux sociaux (Facebook, Twitter, Instagram…).

En bref

Le cahier des charges d'un site Web

- Recherche d'une solution d'hébergement et création d'un nom de domaine.
- Contenu technique et graphique du site : nombre de pages à créer et éléments qui les composent (images, plan, animation, formulaires...), sommaire et arborescence attendus, technologies employées pour créer les pages (langage informatique, feuilles de style).
- Module de mise à jour choisi.
- Contenu graphique et éditorial : photos, illustrations, plans et dessins, textes des rubriques définies.
- Calendrier et échéancier de la mission.
- Détail du coût de la prestation et modalités financières.
- Module de réservation en ligne choisi (s'il existe).
- Outil de paiement en ligne retenu (s'il existe).

Une page de présentation complémentaire de l'hébergement touristique – Elle est plus technique et décrit chaque chambre dans le détail, fait la lumière sur les équipements et les espaces mis à la disposition des locataires. Chaque élément est illustré de photographies. Un diaporama ou une galerie d'images pourra compléter la présentation visuelle de l'hébergement et présenter également son environnement.

Une page tarifs – Elle donne l'intégralité des tarifs en toutes saisons, selon la durée du séjour et le nombre de personnes.

Une page offres spéciales – Elle vous permettra de faire la publicité d'événements ou d'éventuelles promotions et de présenter toute la richesse de votre offre en donnant le détail de vos prestations destinées à une clientèle d'affaires, par exemple, ou à un séjour à thème.

Une page axée sur l'environnement de l'hébergement – Illustrée de photographies du département, elle présente les services et activités touristiques offerts à proximité. Un lien vers une sélection de sites Web utiles à l'organisation du séjour est proposé.

Une page de contact – Elle indique toutes vos coordonnées (téléphone fixe, mobile, e-mail, adresse postale). Cette page proposera également la situation géographique de l'hébergement.

Une page dédiée à la réservation – S'y trouvent le calendrier des disponibilités et/ou un module de réservation en ligne, ou encore le renvoi vers le partenaire en charge de la commercialisation si la délégation est totale.

Une page avis – Un système de notation en étoiles et un commentaire seront utiles aux internautes à la recherche d'un hébergement.

Une page presse – Valorisante, elle présente les articles dont votre hébergement a bénéficié.

D'autres pages peuvent être consacrées aux hôtes, à leurs parcours, à leur passion ou mettre en avant une prestation offerte par l'hébergement, de type table d'hôtes.

• La forme

Tous les goûts sont dans la nature: le choix de la création graphique vous appartient donc totalement. Il est, cependant, important de ne pas surcharger le site d'éléments superflus pouvant ralentir le chargement des pages. Ne l'oubliez pas: l'internaute est zappeur! Son regard va porter, d'emblée, sur les photographies de l'hébergement; elles doivent donc être irréprochables. À moins que vous n'ayez quelques talents dans ce domaine, le recours à un photographe doit être envisagé. De nombreux propriétaires choisissent également d'intégrer de la vidéo; là encore, il est conseillé d'avoir recours à un professionnel. Ces deux prestations sont généralement proposées en sus par les webmasters et les agences Web.

• La visibilité: comment gérer son référencement?

Cette action est essentielle pour garantir la visibilité du site sur la toile. Le référencement se définit comme un ensemble de «techniques visant à optimiser la visibilité d'un site dans les différents outils de recherche disponibles sur Internet:

annuaires (qui indexent les sites manuellement) ou moteurs (qui les indexent automatiquement). Le référencement recouvre toute une série d'actions très différentes qui vont de la simple définition de mots-clés à la création de pages spéciales facilitant le repérage des sites par les moteurs de recherche »[1].

Pour être bien référencé, il est également conseillé de mettre en place une politique de liens vers des sites partenaires qui généreront également des liens vers votre site : label, office de tourisme, sites touristiques, restaurants, hébergements touristiques...

Enfin, à côté du référencement naturel, il existe un référencement payant sur des sites et moteurs de recherche.

Pour mener à bien cette mission, vous pouvez choisir de la déléguer à votre webmaster ou de l'assurer directement. Sachez cependant que pour être performant, le référencement doit être mené en continu ; cela nécessite donc une très grande disponibilité.

- **Un site multilingue**

La mise en ligne de versions étrangères est un « plus » indéniable. Elle nécessite d'avoir recours à un traducteur, de multiplier le nombre de pages Web et d'effectuer des actions de référencement ciblées à destination de chaque clientèle.

- **Un site responsive**

Aujourd'hui, les Français se connectent de plus en plus via leurs tablettes et smartphones : pour 54 % d'entre eux, le mobile est devenu le premier écran (Médiamétrie). Il est donc indispensable que le site internet soit totalement responsive, c'est-à-dire qu'il s'adapte automatiquement au support de lecture. Pour les sites qui datent un peu, il serait judicieux de réaliser une refonte du site dans le cas où il n'est pas responsive.

Les plaquettes et les cartes de visite

Nul besoin de s'encombrer d'outils multiples : pour compléter un bon site Web, nous vous conseillons de proposer des cartes de visite, que vous remettrez à chacun de vos hôtes et, selon votre budget, une plaquette de présentation de votre

1. **http://encyclopedie.linternaute.com**

hébergement. Cet outil pourra être téléchargé en format PDF *via* le site Web ou adressé par mail à vos prospects afin de limiter les coûts d'impression.

Conseils de réalisation pour une carte de visite et une plaquette de présentation				
	Contenu	**Éléments graphiques**	**Contact**	**Formats et impression**
Carte de visite	• Nom du domaine ou phrase positionnant votre hébergement : « Au bon vivre » ou « Authenticité et douceur de vivre en Lubéron » • Descriptif de l'hébergement : « 4 chambres d'hôtes de charme »	• Logo de la structure si existant • Niveau de confort de l'hébergement • Appartenance à un label, logo officiel	• Téléphone • Mobile • Mail • Adresse de l'héberge-ment • Adresse du site Web	• Format classique : 5,5 x 9 cm • Quadrichromie • Recto/verso ou verso

	Pagination	**Éléments graphiques**	**Formats, pagination et impression**
Plaquette de présentation	**Page 1** – Présentation de la structure (nom, type d'hébergement, destination, mention site Web…)	Belle photo pleine page	A4, A5 ou carré 4 ou 8 pages Plaquette brochée ou triptyque 3 volets (6 faces) Quadrichromie
	Page 2 – Présentation des hôtes et atouts de la destination	Photos de la destination	
	Page 3 – Descriptif de l'hébergement (intérieur + extérieur)	Photos de l'hébergement	
	Page 4 – Tarifs, modalités de réservation, services	–	
	Page 5 – Activités et sites à proximité	Photos de sites touristiques et activités	
	Page 6 – Plan d'accès et coordonnées	–	

2. LES ACTIONS DE COMMUNICATION

8

Activer et animer un réseau : la révolution des réseaux sociaux

Dans le tourisme, le bouche-à-oreille est essentiel et le loueur peut désormais rompre son isolement grâce aux réseaux sociaux. Il est indispensable de se faire connaître de partenaires institutionnels et professionnels susceptibles d'être intéressés par son hébergement ou d'en faire la promotion, comme :

- l'office de tourisme et le comité départemental du tourisme, qui remonteront l'offre sur les supports de promotion ;
- le conseil général et la région, financeurs de l'opération ;
- les entreprises susceptibles de présenter une offre de tourisme d'affaires (accueil de séminaires, hébergement, restauration...) ;
- les restaurants pour leur clientèle ;
- les gérants de sites touristiques qui proposent de l'information à leurs visiteurs ;
- les loueurs de la région qui « copinent » en cas d'hébergements complets dans la zone.

Pour faire connaître votre offre, adressez un e-mail promotionnel sur l'hébergement – précisant d'adresse du site Internet de la structure, son profil Facebook, Instagram... – accompagné d'un mot personnalisé. Vous ciblerez spécifiquement les chargés de communication ou de relations presse des structures institutionnelles, au même titre que les agences de communication, ces interlocuteurs étant régulièrement à la recherche de lieux pour organiser des événements.

Afin d'activer votre réseau, commencez par organiser une inauguration de votre hébergement avec la complicité de vos partenaires. Par la suite, revenez régulièrement vers eux en direct *via* les réseaux sociaux pour les informer des événements prévus (offres promotionnelles, séjours à thème...).

La révolution des réseaux sociaux

LE POINT DE VUE DES EXPERTS

Les réseaux sociaux : un outil devenu incontournable

Entretien avec Ludovic Dublanchet, consultant et conférencier e-tourisme,
www.dublanchet.com

Quels sont les principaux aspects positifs et négatifs de ces réseaux sociaux ?

Utilisés à bon escient, ils permettent de créer un dialogue avec la clientèle, de favoriser son expression et donc d'avoir un meilleur retour client. En contrepartie, ils nécessitent de revoir toute sa communication pour tenir compte d'un impératif d'instantanéité difficile à mettre en œuvre. Dans le tourisme, ces réseaux se sont imposés comme de nouveaux canaux de distribution et de communication, au même titre que les supports de promotion plus traditionnels (presse). Ils ont fait émerger la notion d'e-réputation, constituée par tout ce que l'on dit de vous sur la toile. C'est l'un des aspects fondamentaux du Web social.

Que faut-il penser de sites comme TripAdvisor ? Vis-à-vis de la clientèle, les avis négatifs ne priment-ils pas sur les autres ?

Pour rappel, TripAdvisor est une bonne illustration du Web 2.0 en permettant aux internautes de donner librement leur avis sur les hébergements touristiques qu'ils ont testés. Il faut démystifier le concept et savoir que, sur ce site, 80 % des appréciations sont positives, 15 % réellement négatives et 5 % sans fondement. Ce type de site tire parti de l'intelligence collective qui sait opérer un tri entre les appréciations fondées et celles qui le sont insuffisamment. Les internautes ne sont pas dupes, et c'est vrai dans les deux sens : qu'elle soit positive ou négative, ils savent identifier une fausse appréciation.

Quels conseils donneriez-vous aux propriétaires de chambres d'hôtes pour maîtriser cette e-réputation ?

Sur TripAdvisor, il existe une fonctionnalité permettant au propriétaire de réagir à la critique. Si celle-ci est issue d'un événement exceptionnel, il a l'opportunité de justifier une mauvaise appréciation et, pourquoi pas, de proposer un geste commercial à son client. L'essentiel est avant tout de générer un maximum de contributions et, si une appréciation ne correspond pas à la réalité de l'accueil, les autres contributeurs auront tôt fait de la dénoncer. Il faut donc orienter ses clients, comme par exemple cet hôtelier new-yorkais qui a mis en place la procédure suivante : après chaque séjour effectué, un courriel personnalisé est adressé au client pour l'inviter à commenter son expérience sur TripAdvisor, si elle est positive, ou à faire directement part de ses remarques à l'hôtelier, si elle est négative.

Accessible à tous, cet exemple est une très bonne pratique qui offre, dans le même temps, d'améliorer sa relation client et la qualité de son accueil. Les loueurs ne doivent donc pas avoir peur du Web participatif, qui s'avère un plus indéniable à condition d'être proactif et d'y consacrer le temps nécessaire.

Facebook pas à pas

Entretien avec Jérôme Forget, Directeur de Guest & Strategy, agence marketing spécialisée dans le segment des gîtes et chambres d'hôtes,
www.guestetstrategy.com

Pourquoi un compte Facebook est-il indispensable ?

Facebook peut être l'une des composantes de la stratégie marketing e-tourisme définie par le loueur. Il s'agit d'un remarquable outil de gestion de la relation client (GRC), car il permet de garder le contact avec ses clients et potentiellement d'en capter de nouveaux. Son objectif final est de générer davantage de trafic, et donc de réservations sur le site Web de l'hébergement.

Concrètement, comment créer sa « Fan page » ?

Il faut d'abord avoir un compte Facebook actif. Une fois le compte créé, on adhère à une « page » depuis laquelle on clique sur le lien « créer ma page ». En quelques minutes, la « Fan page » de sa maison d'hôtes ou de son gîte est créée ; mais attention, cela ne fait que commencer !

À quelle fréquence communiquer ? Sur quel type de contenu ?

Je le répète souvent : Facebook peut être très porteur et valorisant pour son hébergement, mais c'est un outil extrêmement chronophage. Je conseille donc de communiquer entre une à deux fois par jour. Même s'il y a une liberté quasi totale quant au contenu diffusé, certaines règles seront respectées : éviter les messages trop longs, supprimer le contenu qui n'a aucune valeur pour les lecteurs, partager des supports multimédias (photographies et vidéos) et chercher à créer un maximum d'interactions avec eux. On peut communiquer sur une nouvelle décoration de chambre, une belle photographie de saison, un événement local ou encore une nouvelle vidéo promotionnelle. Le ton utilisé sera en phase avec la personnalité du loueur et son hébergement.

Comment générer de nouveaux contacts ?

La base est de proposer un contenu de qualité, que l'on relaie sur son propre profil. Il faut ensuite impérativement « inviter ses amis » à suivre sa page, qui vont à leur tour inviter leur propre communauté à la suivre. Afin de gagner en contacts qualifiés, je conseille d'insérer un « badge » Facebook sur la page d'accueil de son site Internet et d'intégrer à sa signature de courriel l'icône Facebook, qui mène directement à la « Fan page ». Il existe également la possibilité de souscrire au service payant de publicité Facebook, mais, selon nous, il ne présente aucun intérêt pour une maison d'hôtes ou un gîte.

Quelles sont les erreurs à ne pas commettre ?

De nombreux propriétaires se précipitent sur Facebook sans réfléchir en amont à leur stratégie de communication, mais aussi confondent tout ! Ils vont ainsi « copier-coller » leur site Internet sur Facebook pour présenter leur établissement mais sans faire vivre leur page au jour le jour. L'impact est désastreux... Une autre erreur, bien souvent commise, est de confondre « profil », « groupe » et « page ». Le profil correspond à votre page personnelle, à vous en tant que personne et en tant que propriétaire. La page est celle qui correspond à votre établissement. Quant au groupe, il est en voie de disparition sur Facebook et il ne faut surtout pas l'utiliser.

En bref

Instagram : l'image avant tout

Depuis quelques années, Facebook tend à baisser en termes de fréquentation et les nouveaux algorithmes rendent les publications moins visibles qu'auparavant. De nombreux utilisateurs (notamment les plus jeunes) lui préfèrent Instagram. Ce réseau social est basé sur la mise en avant de photos. Il est très simple d'utilisation et permet de toucher de nouvelles cibles grâce à la mise en place des mots-clés (hashtags : #). Il propose également une fonctionnalité intéressante : les stories plus axées sur la vidéo et qui une fois lues disparaissent. Ces stories permettent de garder facilement le lien avec ses clients. On peut donner à voir la vie de l'hébergement au fil des saisons, mais également proposer des offres de dernière minute ou partager ces événements et actualités. Si Facebook demeure intéressant car il s'adresse à une cible plus âgée, consommatrice de gîtes, locations et chambres d'hôtes, Instagram le complète parfaitement pour une approche multi-cibles.

• L'information régulière des journalistes

Les journalistes régionaux, très friands de l'actualité touristique de leur périmètre, sont d'excellents relais. Communiquer au plan national demande plus de moyens, mais on peut toujours essayer.

Au plan local, sélectionnez les titres de presse quotidiens, hebdomadaires et mensuels, et contactez les rédactions pour qu'elles vous communiquent les noms des journalistes en charge de l'actualité touristique. Au plan national, si vous pensez que votre hébergement peut séduire un titre, procédez de la même manière. Les journalistes de titres féminins de renom sont très convoités, car, lorsqu'elles ont un coup de cœur et tombent sous le charme d'une chambre d'hôtes ou de ses propriétaires, elles peuvent s'en faire l'écho. N'oubliez pas de contacter les guides touristiques nationaux, régionaux ou départementaux, dont le rédacteur procède à sa propre sélection d'hébergements. Pensez enfin à mettre en ligne les articles générés sur le site de l'hébergement, ils ne manqueront pas d'intéresser vos futurs hôtes.

• Que penser des salons ?

Les salons du tourisme sont, en raison de leur coût, réservés aux professionnels. Depuis la montée en puissance d'Internet, ils souffrent d'une baisse continue des visiteurs. S'ils étaient auparavant un lieu attractif permettant de globaliser l'offre d'une destination, ils s'avèrent aujourd'hui beaucoup moins compétitifs : il n'est plus besoin de se déplacer pour avoir accès à l'intégralité de l'offre. Il est donc conseillé au loueur de s'appuyer sur son réseau professionnel ou institutionnel, qui se chargera de diffuser catalogues et autres supports de promotion sur le lieu des manifestations.

CAHIERS PRATIQUES 9

1. DÉCORATION : LE PLUS DES GÎTES ET MAISONS D'HÔTES

C'est bien connu, les Français sont mordus de déco ! Synonyme de convivialité et d'authenticité, les chambres d'hôtes n'échappent pas à la tendance, mais les gîtes ne sont pas en reste. Il faut désormais déployer des trésors de séduction pour déclencher l'inespéré « coup de cœur » en ligne. Les clientèles étrangères sont tout aussi sensibles au charme de l'accueil chez l'habitant qui doit combiner confort et authenticité, parfois raffinement.

Décomaniaques, les Français[1] :

- plus de 3 Français sur 4 (77 %) se montrent intéressés par le sujet de la décoration intérieure ;
- plus de la moitié d'entre eux (52 %) déclarent donner une grande importance à la décoration intérieure de leur logement ;
- 2 Français sur 3 avouent aimer flâner dans les magasins de décoration, même s'ils n'achètent pas toujours quelque chose ;
- environ 1 individu sur 2 (47 %) achète des objets de décoration au moins une fois par an ;
- la tentation de l'achat d'impulsion est forte : 50 % des Français admettent que lorsqu'ils ont un coup de cœur pour un objet de décoration, ils ont tendance à craquer et à l'acheter ;
- enfin, la très grande majorité des Français (81 %) se disent sûrs de leur goût en matière de décoration intérieure.

1. Étude « Les Français à l'heure de la Déco-manie », IPSOS, octobre 2014.

Voici quelques ambiances plébiscitées :

- style « nature » : 50 % ;
- style « campagne » : 48 % ;
- style « design » : 28 % ;
- style « charme » : 27 % ;
- style « industriel/loft » : 17 %.

2. DE L'ESPACE DE VIE À L'ESPACE D'ACCUEIL

Exit la déco de secours… Disposer trois coussins et un nouveau couvre-lit dans la chambre d'un enfant ayant quitté le nid n'a jamais suffi à aménager une chambre d'hôtes, au mieux une chambre chez l'habitant… Cette mise en garde paraît nécessaire dans le contexte actuel. Ne vous méprenez cependant pas, il ne s'agit pas non plus de réaliser de lourds investissements et encore moins de rejoindre une démarche standardisée trop loin de l'esprit chambre d'hôtes. L'âme d'une maison d'hôtes reste attachée à la personnalité de son propriétaire, c'est à partir de celle-ci et de la conception qu'il se fait de l'accueil chez l'habitant qu'il doit se laisser porter.

Il existe donc un juste milieu consistant à mener une inspection minutieuse des lieux et à réaliser un aménagement confortable, attrayant et fonctionnel. Pour ce faire, il est indispensable de se faire plaisir en gardant en mémoire la destination finale de l'espace aménagé. Les mordus de déco vont se régaler, pour les autres, suivez le guide… ou plutôt les guides ! Professionnels et propriétaires vous livrent ici quelques conseils et suggestions pour transformer une partie de votre espace de vie en espace d'accueil.

PAROLES DE LOUEUR

« La déco, c'est le critère de choix par excellence »

Témoignage de Matthieu de Montenay, propriétaire d'une chambre d'hôtes à Paris (15e arrondissement),
www.chambrehotesparis.fr

Inconditionnel des chambres d'hôtes, j'ai toujours rêvé d'en ouvrir une, plutôt en fin de carrière professionnelle, et plutôt à la campagne. Les aléas de ma vie professionnelle ont fait que ce rêve, je le réalise aujourd'hui, à trente-cinq ans et à Paris ! Au terme d'une année d'activité, j'affiche complet six jours sur sept et je sais de la bouche de mes clients que la décoration de la chambre y est pour beaucoup. C'est le critère de choix par excellence, investir

9

dans l'aménagement me semble donc essentiel. Mon épouse et moi-même avions d'emblée opté pour le style shabby chic et ses tonalités douces et naturelles. Nous avons cherché notre inspiration dans des magasins de renom puis acheté nos équipements dans des boutiques plus accessibles afin de limiter l'investissement. Entre la literie, la salle de bains, quelques meubles et le linge de maison, nous avons dû investir environ 4 500 €. Il faut garder en mémoire qu'en milieu urbain, nous sommes sur des surfaces relativement petites, ce qui permet également de se faire plaisir. Je pense à ce patchwork de carreaux en ciment que nous avons choisi pour les toilettes, leur coût à la pièce était onéreux mais à l'échelle d'un mètre carré, c'est somme toute relativement accessible. Le budget global était cependant plus élevé car nous avons effectué des travaux lourds : la chambre se trouve dans notre ancienne salle à manger et la salle de bains dans l'ancienne cuisine. Nous avons fait le choix d'avoir recours à un professionnel pour superviser ces travaux. Il nous a également donné de précieux conseils en matière de déco. Avec 44 % de clients français et le reste de touristes étrangers, je pense que nous avons trouvé un style capable de séduire des hôtes de tous horizons.

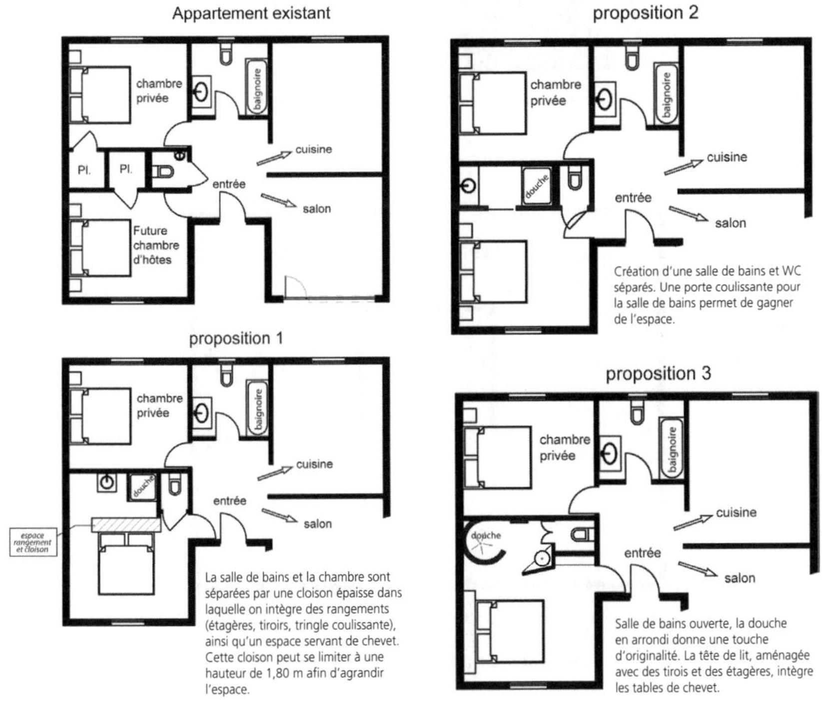

Quatre options d'aménagement d'une chambre d'hôtes (Pl. = placard)

Regard d'architecte

Pour encadrer votre projet d'aménagement, nous avons sollicité Aurélie Arvieu, architecte d'intérieur (Domustudio, **www.domustudio.fr**), experte en matière de création d'hébergements touristiques. Elle nous livre quelques croquis d'aménagements.

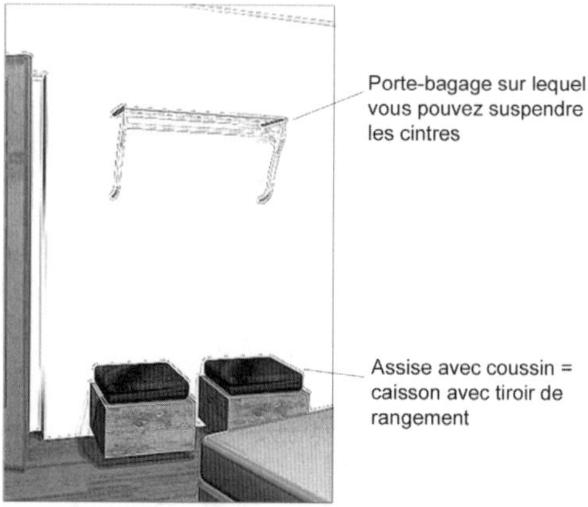

Astuces de rangement dans l'entrée

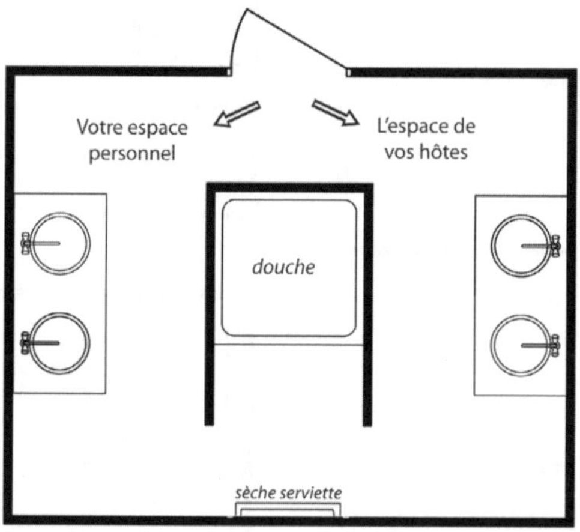

Schéma d'aménagement d'une salle de bains commune (surface : 10 m²)

Aménager une salle de bains commune

LE POINT DE VUE DE L'EXPERT

« Une décoration à la fois fonctionnelle et chaleureuse »

Entretien avec Patricia François, décoratrice d'intérieur,
www.deco-ecologique.com

Qu'est-ce qui paraît essentiel dans la décoration d'une chambre d'hôtes ?

C'est la création d'une ambiance, d'une atmosphère que l'on ne retrouvera pas dans un hébergement plus standardisé. Les pistes à explorer sont infinies. On peut partir de l'histoire du quartier, d'un personnage marquant lié à cette histoire, ou bien d'un élément de déco que l'on aime particulièrement, un lit à baldaquin, un tapis, une armoire de style, puis construire autour de cet élément.
Cette tendance pour les chambres d'hôtes de charme connaît beaucoup de succès auprès de la clientèle étrangère notamment. Il peut également s'agir d'un parti pris de styles : l'invitation au voyage, l'ambiance bucolique, le style minimaliste urbain… Il en existe pléthore… !

Comment procède-t-on pour choisir une ambiance ?

Pour ma part, j'essaie de cerner la maison et demande aux propriétaires s'ils ont déjà des envies et des idées. Si ce n'est pas le cas, je conseille de chercher un style à partir de l'existant, on trouve toujours quelque chose, un élément qui va en amener un autre. Une fois le thème choisi, l'Art déco par exemple, je recherche ce que cela m'évoque en termes de formes et de matières, et je liste tous les objets déco pouvant y être associés. Enfin, je sélectionne une palette de couleurs capable de s'intégrer et de décliner le thème.
Le recours à un professionnel facilite ce travail de recherche, il permet de canaliser les premières idées du propriétaire et de marquer sa différence tout en restant dans un cadre budgétaire prédéfini.

Quelles sont les pièces à revisiter ?

D'abord l'entrée : cet espace ne doit pas être encombré, on doit pouvoir y circuler facilement avec des valises. On peut y disposer une console avec des fleurs, un joli cadre ou un miroir, et opter pour une couleur chaleureuse, le jaune ou l'ocre par exemple. Ensuite, la salle de bains : lorsqu'on la partage avec ses hôtes, il est essentiel de prévoir des rangements pour soi et d'autres pour ses clients. Aucun objet personnel ne doit rester visible, autrement dit, l'hôte doit avoir l'impression de pénétrer dans une salle de bains aménagée exclusivement pour lui.

Lorsque des travaux ou une rénovation sont envisagés, il est important de privilégier des matériaux faciles d'entretien comme la faïence, le carrelage, pourquoi pas un bois traité. Je conseille d'éviter les vasques et douches en pierre foncée : elles se tachent facilement et c'est visible, et leur entretien est difficile. Pour ce qui est de la chambre, elle doit être aménagée dans le style choisi d'un lit, de tables de chevet avec lampe, d'un bureau et, pourquoi pas, d'un coin repos avec fauteuils, table ou canapé. Les couleurs ne doivent pas y être trop dynamiques, en dehors de petites touches – mieux vaut éviter le rouge. Enfin, l'espace petit-déjeuner ou le coin détente, généralement proposé dans la salle à manger, doit garder le style de la maison et être avant tout accueillant.

C'est quoi une décoration réussie ?

C'est une décoration à la fois fonctionnelle et chaleureuse. En ce qui me concerne, je recommande également un vrai parti pris déco. C'est un élément de différenciation important par rapport à d'autres chambres d'hôtes, il en faut pour tous les goûts ! Il est ensuite indispensable de dépersonnaliser les espaces dédiés aux hôtes en évitant les bibelots trop personnels, les photographies de famille. Je pense qu'il faut faire rêver les gens. Se contenter de récupérer des objets dont on ne veut plus, à droite, à gauche, ne suffit pas. Aujourd'hui, les clients sont de plus en plus sensibles à la décoration et veulent vivre un moment unique dans un cadre qui les surprendra.

Quel budget faut-il envisager en moyenne par chambre d'hôtes ?

Au minimum, il convient de proposer une literie de grand confort, ce qui représente déjà un budget. De l'aménagement minimum au projet plus ambitieux, il faut compter en moyenne une enveloppe de 3 000 à 6 000 €. Comptez au minimum 2 000 € pour un sommier et un matelas de qualité. En termes de délai, une fois le parti pris déco arrêté et les achats effectués, une semaine d'aménagement peut suffire – en l'absence de travaux lourds, bien sûr.

« Ambiances chambres d'hôtes »

Pour guider les porteurs de projets citadins, nous avons choisi d'illustrer quatre ambiances de chambres d'hôtes dans l'air du temps. Nous avons fait appel pour cela à Solène Héry et David Granger, de l'agence d'architectes AVous.com (**www.agenceavous.com**). Charme, classique citadin, design contemporain et shabby chic, ces styles prennent vie grâce à la créativité et au coup de crayon de Solène Héry. Pour compléter ces croquis, Solène Héry et David Granger font le point sur les tonalités et codes architecturaux de chaque tendance.

9

- **Ambiance n° 1 – Chambre d'hôtes de charme**

La chambre d'hôtes de charme n'est pas réservée à l'espace rural. Elle met en avant les matériaux et les volumes : charpentes en bois, murs de pierre, sols en tommettes, pierre ou parquets anciens. Cela nécessite de rechercher les matériaux d'origine de la bâtisse et de les rénover pour une mise en valeur du lieu et une recherche d'authenticité.

Les tonalités y sont douces et feutrées, plus ou moins présentes en fonction de l'architecture. S'il y a essentiellement des bois sombres, le reste du décor sera sobre et doux. Si, en revanche, il s'agit de pierre claire, le reste du décor sera coloré, ou agrémenté de motifs. Pour un sol en tommettes rouge sombre, nous recommandons un décor clair et lumineux.

- **Ambiance n° 2 – Classique citadin**

On y retrouve les codes des appartements haussmanniens : moulures, cheminées en marbre ou en pierre, miroirs, tapisseries, parquets en point de Hongrie ou grandes dalles de pierre au sol, balcons en fer forgé…

Côté tonalités, les murs et les sols sont généralement neutres (bois, blanc ou gris), la literie est de préférence blanche et moelleuse et l'ambiance générale relevée de touches de décoration colorée (tapis, tableaux, vases, jetée de lit, rideaux, commode). Toutes les couleurs s'y prêtent : orange, bleu, vert, violet… et peuvent s'avérer utiles pour thématiser les chambres (la chambre bleue, la chambre verte…).

• **Ambiance n° 3 – Design contemporain**

Tout y est permis : du 100 % design au mixte design/ancien, du tout coloré au blanc uni ou noir, des formes pures aux volumes simples, des formes extravagantes aux volumes complexes ou tortueux…

Le maître-mot est l'originalité. Il est même possible de mélanger les fonctions : la baignoire au milieu de la chambre, un lit en lévitation…

- **Ambiance n° 4 – Shabby chic (ou faux vieux)**

Il s'agit plutôt d'un style « cottage anglais » avec une prépondérance de blanc pour le mobilier et beaucoup de touches fleuries. Le mobilier est recyclé, de vieux meubles usés, chinés puis nettoyés, poncés, décapés et repeints en blanc façon « vieillie ». On y retrouve des touches de couleurs : pour un esprit plus français, nous recommandons des tonalités rouges et de la toile de Jouy ; pour un esprit plus nordique, des nuances de gris et de bleu, enfin, pour un esprit américain, du rose à outrance !

Attention ! Ce style est à manier avec précaution et parcimonie : il peut être aimé, pour sa douceur et son côté rétro, autant que détesté pour les mêmes raisons.

Nous aurions également pu vous recommander une ambiance zen et naturelle. Ses teintes et nuances sont le gris, le beige et le marron ou encore la prune. On y retrouve parfois des meubles vieillis à la shabby chic. C'est également un style qui peut être mêlé à toutes les autres ambiances.

Il existe encore mille autres styles. L'architecte d'intérieur est là pour allier ou confronter les envies du propriétaire au potentiel du lieu. Son rôle est tout à la fois d'organiser l'espace, d'assurer la pérennité structurelle du lieu et de créer une ambiance, afin de faire de chaque chambre d'hôtes un espace privilégié, unique, chaleureux et fonctionnel.

Tendance feng shui : « Favoriser l'harmonie entre et avec ses hôtes »

Nathalie Sachou est formatrice et technicienne au sein de l'École française de feng shui (**www.ecolefrancaisedefengshui.fr**). Elle nous livre ses conseils.

• Le feng shui et ses règles de base

Le feng shui est un art ancestral chinois qui date de plus de 4000 ans. À l'origine, il était réservé à l'empereur, qui l'utilisait pour asseoir son pouvoir. Le maître Feng shui choisissait l'emplacement du palais et aménageait l'espace en respectant des règles bien précises. Aujourd'hui, le feng shui consiste toujours à aménager l'espace de manière qu'il soit le plus favorable à ses occupants. Nous travaillons sur le plan de masse du logement de façon à proposer une configuration optimale dans le choix de l'implantation des pièces notamment. Le feng shui nous conduit également à respecter des codes couleurs en fonction du Lo Shu, c'est-à-dire du secteur que représente l'espace. Il y en a neuf au total : la réputation, l'amour, les projets/enfants, les aides extérieures, la carrière, la connaissance, la santé et la famille, la richesse et l'équilibre.

• Le plus des chambres d'hôtes feng shui

Le feng shui va totalement dans le sens du bien-être et de la détente recherchés par les utilisateurs de chambres d'hôtes. Pour certains, c'est un moyen de s'offrir un break, le temps d'un week-end, pour se retrouver. Le propriétaire qui va participer à la recherche de cette harmonie va indéniablement entreprendre une démarche positive à destination de ses hôtes. Cela constitue un facteur d'attractivité supplémentaire.

Ce petit plus va attirer une clientèle partageant une communauté de vues avec les propriétaires.

• Les règles faciles à mettre en œuvre

Les clients des chambres d'hôtes étant souvent des couples, la chambre devra favoriser son harmonie. Il faut privilégier autant que faire se peut un sommier et un matelas à deux places, puis décorer la chambre de deux tables de chevet identiques, de deux oreillers seulement (évitez les chiffres impairs), enveloppés des mêmes taies.

Le lit doit être placé le plus loin possible de la porte d'entrée, qui doit pouvoir être vue des hôtes une fois couchés : il s'agit de favoriser un sentiment de sécurité. Il faut éviter de disposer la tête de lit sous une fenêtre, de peindre la chambre en bleu ou noir et de suspendre un miroir qui viendrait perturber le flux d'énergie circulant dans la pièce. Si les propriétaires souhaitent proposer la télévision, il est préférable qu'elle soit placée dans un meuble ou recouverte avant le coucher.

C'est également bénéfique de disposer une symbolique du couple, deux fleurs ou deux bougies par exemple, le long du mur en face de la porte d'entrée et sur la droite. Enfin, il est préférable de ne pas exposer de photographies trop personnelles ou d'objets religieux pour respecter l'intimité du couple.

• Les formations spécifiques pour aller plus loin

Ces formations durent trois à cinq jours et délivrent des outils très pratiques pour aménager soi-même son espace privatif et celui dédié aux chambres d'hôtes. Cela permet d'intégrer cette nouvelle activité afin qu'il n'y ait pas de rupture au sein du foyer.

Le feng shui est également accessible sur des formations au long cours pour devenir expert et réaliser ses propres diagnostics.

3. TOURISME URBAIN : REBONDIR SUR LES CITY BREAKS

9

Zoom

Portrait des adeptes du city break[1]

L'impulsif

- Caractéristiques : départ décidé spontanément, tardivement, suscité par une offre « dernière minute ».
- Ses attentes vis-à-vis de la ville : la ville magique, qui étonne, qui enchante.

L'aventurier

- Caractéristiques : l'errance émotionnelle et géographique. Cette valeur de l'errance, du vagabondage poétise le break.
- Ses attentes vis-à-vis de la ville : la ville fantastique ou quasiment fantasmagorique, la ville extraordinaire, qui nous permet de sortir de notre quotidien.

L'anxieux

- Caractéristiques : en attente de réassurance sur la fluidité, la ponctualité de son parcours, avec un maximum de garanties.
- Ses attentes vis-à-vis de la ville : la ville pratique avec un certain nombre de services, la ville commode et efficace.

Le futé

- Caractéristiques : il déniche l'offre exceptionnelle, maximise le rapport qualité-prix, optimise son séjour sur le plan du plaisir.
- Ses attentes vis-à-vis de la ville : la ville ludique, divertissante et récréative.

1. Extrait du colloque « Tourisme urbain, patrimoine et qualité urbaine en Europe », intervention de Stéphane Juguet, anthropologue, Rennes, mars 2009.

La tendance s'est clairement développée sous le coup des RTT, de la multiplication des offres de dernière minute sur Internet, du développement du m-commerce, ou encore du développement de l'événementiel par les villes. Les données chiffrées suivantes vous permettront de mieux cerner cette cible très convoitée.

Voici **la tendance en chiffres**[1] :

- 70 % des Français ont déclaré partir 1 à 2 fois par an dans une grande ville, 20 % plus de 4 fois par an ;
- ce sont les plus jeunes qui bougent le plus (74 % des 18-29 ans, 66 % des 30-44 ans) et les citadins qui plébiscitent le city break (90 %) ;
- les villes françaises remportent la palme des destinations favorites toutes catégories d'âge confondues (83 %) ;
- les balades, les activités culturelles et les marchés sont les activités préférées des city breakers ;
- pour faire une coupure avec le quotidien pour près de 52 % des Français, dont une majorité de femmes (57 %) et de jeunes – 18/29 ans – (62 %) ;
- pour le dépaysement (34 %) ;
- pour la facilité d'accès aux loisirs que leur permettent les grandes villes (culture, gastronomie, histoire) : 40 % ont 60 ans et plus ;
- pour se détendre : 47 % des city breakers aiment « se promener, flâner », 30 % aiment les marchés locaux ;
- pour les musées et activités : motif n° 1 pour 23 % du panel.

1. Enquête echotouristique.com - Aparthotels Adagio, juillet 2014.

LEXIQUE

Lexique

Acompte – Il engage définitivement les deux parties sans possibilité d'annulation sauf cas de force majeure, soit un événement « extérieur, imprévisible, irrésistible et insurmontable ». Si le locataire annule tout de même le contrat, le propriétaire a la possibilité de lui réclamer la totalité du prix du séjour. À l'inverse, si l'annulation est le fait du propriétaire, le locataire peut solliciter une indemnisation pour le préjudice subi.

Arrhes – Elles permettent au locataire d'annuler le contrat moyennant la perte de la somme versée. Si c'est le propriétaire qui annule la réservation, il est redevable au locataire du double des arrhes. Attention : si rien n'est précisé dans le contrat, les sommes versées d'avance sont considérées comme des arrhes. Le montant des arrhes ne peut être supérieur à 25 % du prix total du séjour et leur paiement doit intervenir moins de six mois avant le début du séjour.

Chambres d'hôtes – Chambres meublées situées chez l'habitant en vue d'accueillir des touristes à titre onéreux, pour une ou plusieurs nuitées assorties de prestations. Le prix de la chambre inclut le prix de la nuitée et du petit-déjeuner. Le nombre de chambres proposées à la location dans la même habitation est limité à cinq et à quinze personnes (décret du 3 août 2007).

Charges fixes – Ensemble des dépenses que l'on doit obligatoirement assumer (remboursement d'emprunt, frais d'entretien, impôts locaux...), que l'hébergement soit loué ou pas.

Charges variables – Montant des dépenses découlant automatiquement du niveau de la location (cadeaux d'accueil, consommation de gaz et d'électricité, fourniture du petit-déjeuner et buanderie pour les chambres d'hôtes...).

Contrat de location – Il arrête les modalités de location de l'hébergement entre les deux parties. Selon l'article L. 324-2 du Code du tourisme : « Toute offre ou contrat de location saisonnière doit revêtir la forme écrite et contenir l'indication du prix demandé ainsi qu'un état descriptif des lieux. »

Écotourisme – C'est une forme de voyage dit responsable dans les espaces naturels qui contribue à la protection de l'environnement et au bien-être des populations locales. L'engagement écotouristique consiste, notamment, en un souci constant de durabilité de l'activité touristique.

État des lieux – C'est le descriptif précis de la disposition, de l'état et du fonctionnement des éléments composant le logement. Il doit être établi en deux exemplaires à l'entrée dans les lieux et sera comparé à celui établi lors du départ du locataire. En l'absence d'état des lieux d'entrée, l'article 1731 du Code civil prévoit que « le preneur est présumé les avoir reçus (lieux) en bon état de réparations locatives et doit les rendre tels ».

Fréquentation touristique – Nombre de nuitées ou de séjours effectués sur un territoire dans un temps donné (saison, année…).

Gestion environnementale – Ensemble de bonnes pratiques visant à réduire l'impact d'une activité sur l'environnement.

Gîte d'étape ou de séjour – C'est un gîte à vocation collective, à la différence du gîte rural meublé, qui est privatif. La réservation peut se faire à la nuitée et à la dernière minute pour répondre aux besoins d'itinérance et d'étape. Le gîte d'étape ou de séjour est considéré comme un ERP (établissement recevant du public) et, à ce titre, est soumis à une réglementation spécifique ; il nécessite également une autorisation d'ouverture.

Label – Signe de qualité officiel, il garantit un avantage significatif apporté au consommateur. Les labels touristiques reconnus par les pouvoirs publics sont Gîtes de France, Clévacances, Accueil Paysan et Fleurs de Soleil. Chaque label s'appuie sur une charte de qualité nationale qui lui est propre.

Meublés de tourisme – Ce sont des hébergements individuels (de types villa, appartement, studio) destinés à la location d'une clientèle de passage, qui les occupe à la journée, à la semaine ou au mois. Pour mettre ce meublé en location, le propriétaire doit le déclarer en mairie (Cerfa n° 14004*02) et il est soumis à une demande d'autorisation préalable de changement d'usage dans certains cas (à Paris, dans l'une des communes de la petite couronne des Hauts-de-Seine, de Seine-Saint-Denis et du Val-de-Marne, dans une commune de plus de 200 000 habitants). De manière facultative, le meublé peut faire l'objet d'une demande de classement en meublé de tourisme dans l'une des catégories existantes (de 1 à 5 étoiles), pour une durée de 5 ans.

Niveau de confort – Pour les gîtes, il désigne le niveau attribué par classement préfectoral (de 1 à 5 étoiles), puis par les labels (de 1 à 5 épis ou clés). Les chambres d'hôtes bénéficient, quant à elles, des niveaux de confort octroyés par les labels (de 1 à 4 épis ou clés).

Offre packagée – Assemblage dans un seul pack de diverses prestations « sèches » (hébergement, activités, restauration...).

Seuil de rentabilité ou point mort – Il se définit généralement comme le chiffre d'affaires minimum à partir duquel un produit ou une activité à coût donné devient rentable. Une fois le prix déterminé, le seuil de rentabilité désigne donc le nombre minimum de nuitées ou de semaines de location à réaliser pour couvrir l'ensemble des charges.

Séjour à thème – Le séjour est assorti d'une activité venant compléter les prestations d'hébergement et, éventuellement, de restauration.

Statut fiscal – Selon le chiffre d'affaires annuel réalisé et l'inscription de l'activité au registre du commerce et des sociétés, l'exploitant de gîtes ou chambres d'hôtes bénéficiera du statut de loueur en meublé professionnel (LMP) ou de loueur en meublé non professionnel (LMNP).

Subventions et aides – Il existe diverses aides à la création ou à la rénovation d'hébergements touristiques. Elles sont accordées par les collectivités locales selon des critères propres à chaque territoire.

Table d'hôtes – Prolongement de l'activité des chambres d'hôtes, elle ne peut être proposée qu'aux hôtes qui y séjournent. La capacité d'accueil ne doit donc pas dépasser celle des chambres. Les repas sont pris en commun à la table familiale sur la base d'un menu unique ; la cuisine se doit d'être de qualité et préparée, de préférence, avec des ingrédients du terroir.

Sigles

ACCRE – Aide aux chômeurs créateurs ou repreneurs d'entreprise.

ADEME – Agence de l'environnement et de la maîtrise de l'énergie.

ADIE – Association pour le droit à l'initiative économique.

Afnor – Association française de normalisation.

ANAH – Agence nationale pour l'amélioration de l'habitat.

ANCV – Agence nationale pour les chèques-vacances.

APCA – Assemblée permanente des chambres d'agriculture.

CAUE – Conseils d'architecture d'urbanisme et d'environnement.

CCI – Chambre de commerce et d'industrie.

CDT – Comité départemental du tourisme.

CET – Contribution économique territoriale.

CFE – Centre de formalité des entreprises.

CRL – Contribution sur les revenus locatifs.

CRT – Comité régional du tourisme.

DDCCRF – Direction départementale de la concurrence, de la consommation et de la répression des fraudes.

DDP – Direction départementale de la protection des populations.

DDT – Direction départementale des territoires.

EDEN – Encouragement au développement d'entreprises nouvelles.

ERP – Établissement recevant du public.

HQE® – Haute qualité environnementale.

LMNP – Loueur en meublé non professionnel.

LMP – Loueur en meublé professionnel.

OTSI – Offices de tourisme et syndicats d'initiative.

PNR – Parc naturel régional.

RCS – Registre du commerce et des sociétés.

SACEM – Société des auteurs, compositeurs et éditeurs de musique.

STAP – Service territorial de l'architecture et du patrimoine.

ZRR – Zone de revitalisation rurale.

INFOS ++

Contacts utiles

Accueillir Magazine (presse et formation)
32, rue du théâtre
75015 Paris
Tél. : 01 48 00 99 28
www.accueillir-magazine.com

Accueil Paysan
9, rue Paul Verlaine,
38100 Grenoble
Tél. : 04 76 43 44 83
www.accueil-paysan.com

ADEME – Agence de l'environnement et de la maîtrise de l'énergie
20, avenue du Grésillé BP 90406
49004 Angers CEDEX 01
Tél. : 02 41 20 41 20
www.ademe.fr

Afnor – Association française de normalisation
11, rue Francis-de-Pressensé
93571 La Plaine Saint-Denis CEDEX
Tél. : 01 41 62 80 00
www.afnor.org

Agence Avous.com
Agence d'architecture d'intérieur et d'urbanisme
Solène Héry et David Granger
94, rue Compans
75019 Paris
Tél. : 09 50 17 76 63
www.agenceavous.com

ANAH – Agence nationale de l'habitat
8, avenue de l'Opéra
75001 Paris
N° indigo : 0826 803 939 (0,15 €/min)
www.anah.fr

ANCV – Agence nationale pour les chèques-vacances
36, boulevard Henri-Bergson
95201 Sarcelles CEDEX
Tél. : 0825 844 344 (0,5 € TTC/min)
www.ancv.com

AFE – Agence France Entrepreneur
14, rue Delambre
75682 Paris CEDEX 14
Tél. : 01 42 18 58 58
www.afecreation.fr

L'Alliance HQE-GBC
4, avenue du Recteur-Poincaré
75016 Paris
Tél. : 01 40 47 02 82
www.hqegbc.org

Association Tourisme & Handicaps
55, avenue Marceau
75015 Paris
Tél. : 01 44 11 10 41
www.tourisme-handicaps.org

Atout France
79-81 rue de Clichy
75009 Paris
Tél. : 01 42 96 70 00
www.atout-france.fr

Bienvenue à la Ferme
Assemblée permanente des chambres d'agriculture (APCA)
9, avenue George-V, 75008 Paris
Tél. : 01 53 57 11 50
www.bienvenue-a-la-ferme.com

Centre de documentation et d'information de l'assurance
26, boulevard Haussmann, 75009 Paris
Tél. : 01 42 47 90 00
www.ffsa.fr

Chambre de commerce et d'industrie de Paris
27, avenue de Friedland
75382 Paris CEDEX 08
Tél. : 0820 012 012
www.entreprises.cci-paris-idf.fr

Clévacances
54, boulevard de l'Embouchure
BP 52 166, 31022 Toulouse CEDEX 2
Tél. : 05 32 10 82 30
www.clevacances.com

Clef Verte
115, avenue du Faubourg Poissonnière
75009 Paris
Tél. : 01 45 49 02 09
www.laclefverte.org

Domustudio
24 quai Jospeh-Gillet
69004 Lyon
Tél. : 06 89 57 12 47
www.domustudio.fr

Éditions Alastair Sawday's
Guide de chambres d'hôtes à destination de la clientèle britannique
www.sawdays-press.co.uk

Fédération nationale de parcs naturels régionaux
9, rue Christiani, 75018 Paris
Tél. : 01 44 90 86 20
www.parcs-naturels-regionaux.tm.fr

Fédération nationale des CAUE
108-110, rue Saint-Maur, 75011 Paris
Tél. : 01 43 22 07 82
www.fncaue.com

Fermes de Florence (formation)
Lieu-dit Les Fonciers
61120 Les Champeaux-en-Auge
Tél. : 02 33 39 15 56
www.mamaisondhotes.com

Fleurs de Soleil
25, chemin du santon
06130 Grasse
Tél. : 09 51 67 79 80
www.fleursdesoleil.fr

Gestionnaire Écolabel européen AFNOR certification
11, rue Francis-de-Pressensé
93571 La Plaine Saint-Denis
Tél. : 01 41 62 76 44
www.ecolabels.fr

Gîtes de France
49, avenue de Flandre
75019 Paris
Tél. : 01 49 70 75 75
www.gites-de-france.com

Patricia François
Décoratrice d'intérieur
64, avenue Gambetta
75020 Paris
www.deco-ecologique.com

SACEM – Société des auteurs, compositeurs et éditeurs de musique
225, avenue Charles-de-Gaulle
92200 Neuilly-Sur-Seine
Tél. : 01 47 15 47 15
www.sacem.fr

Voyages pour la planète
www.voyagespourlaplanete.com

INDEX

PEFC PEFC/30-32-821

Achevé d'imprimer en janvier 2020 par Wilco aux Pays-Bas
Dépôt légal : janvier 2020
N° éditeur MAGSI20191089